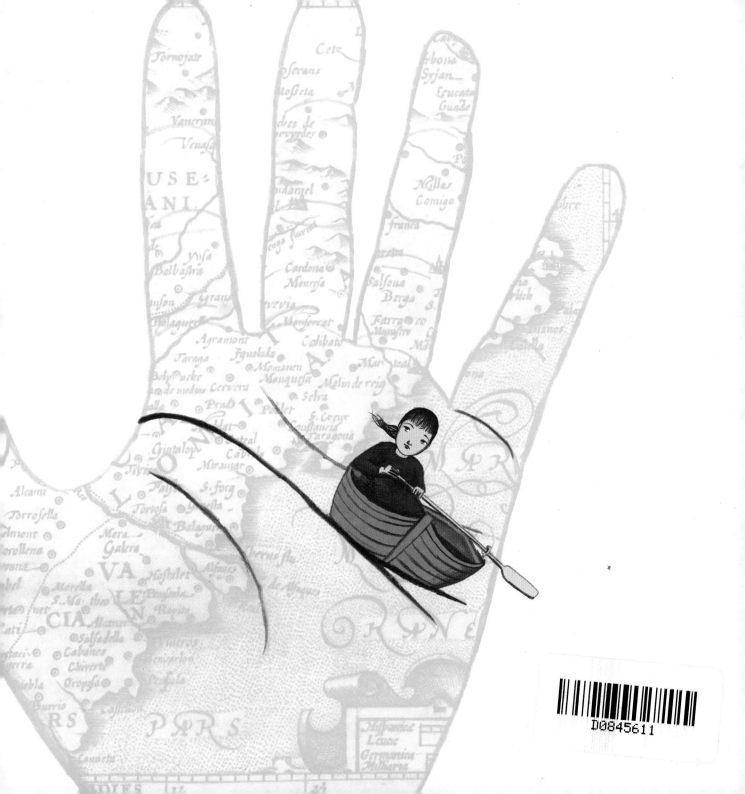

Un mar de emociones

Un mar de emociones

FRANCESC TORRALBA

Lectio ediciones

Índice

© de los textos, Francesc Torralba, 2013

© 9 Grup Editorial
Lectio Ediciones
Muntaner, 200, ático 8.ª
08036 Barcelona
T. 93 363 08 23
www.lectio.es

Diseño de cubierta e interior: Mauricio Restrepo
Ilustraciones: Luciano Lozano
Maquetación: M. I. maqueta, S.C.P.

Primera edición: octubre de 2013
ISBN: 978-84-15088-91-2
Depósito legal: T. 1153-2013

Prólogo

Las emociones son la sal de la vida. Sin emociones no merecería la pena vivir. Emocionarse es experimentar en la propia piel que uno está vivo, sentir en la carne y en el alma las convulsiones de la vida, los meandros que dibuja la propia existencia, el fluir de los días y de las horas, descender a los abismos, para volver a escalar, los picos más afilados. A veces, vivir es experimentar la pesadez de los días que pasan y que caen como gotas de plomo en un desierto, pero, otras veces, vivir es experimentar la gratitud infinita por el hecho de existir, el don inmerecido de estar ahí.

No es fácil expresar los latidos del corazón. No es sencillo poner los sentimientos en palabras. Encontramos un abismo entre el lenguaje del corazón y el de las palabras. Enlazar dos orillas es una tarea imposible, pero en esta imposibilidad consiste el oficio del escritor. Las pasiones no pueden encerrarse dentro de conceptos; éstas los resquebrajan, los hacen estallar, porque irradian tanta potencia que no hay palabra que pueda contenerlos. Las emociones nos mueven, nos sostienen, nos hunden y nos elevan.

Somos seres apasionados. El pequeño barco que es cada ser humano flota, como la hoja caída de un árbol, sobre el mar de las emociones. En vano intenta controlar su propio curso. A veces, encuentra una mar rizada, empujada por una fuerza casi sobrenatural; otras veces, en cambio, parece muerta, quieta, le falta volumen e impulso. La hoja, además, no tiene capacidad para nadar a contracorriente. Flota sobre el mar y no controla su curso. Las emociones nos conducen, pero podemos pensarlas, podemos concebirlas, sabiendo que el corazón tiene unas razones que la razón no alcanza a entender.

Las emociones y los pensamientos se entrelazan. Son dos ríos que convergen en el mismo mar. Forman el mismo caudal. Quien tiene sentimientos alegres, tiene pensamientos alegres; quien tiene sentimientos tristes, tiene pensamientos tristes. Se da una unidad entre vida y pensamiento, entre pensamiento y sentimiento. Conocer a alguien es conocer lo que siente y lo que piensa, aunque lo que piensa y lo que siente fluye sin obstáculo, porque todo fluye en la vida. Tanto lo visible como lo invisible.

El río, como decía el inmortal filósofo presocrático Heráclito, el Oscuro, siempre es el mismo río, pero a la vez nunca es el mismo. A cada instante es distinto y, a pesar de ello, es el mismo siempre. También el mar es distinto a cada instante.

Zambullirse en el mar de las emociones es adentrarse en la condición humana, en la profundidad de lo que somos, de lo que sufrimos, de lo que sostiene nuestras vidas. Es arriesgarse a conocer los insólitos límites de lo que somos, pero también enfrentarnos a lo que no nos gusta contemplar ni reconocer que sentimos. Existen emociones que hacen la vida más bella, más noble, digna de ser vivida, emociones que nos elevan hasta la casa de los dioses, pero otras emociones emponzoñan el alma, ahogan el anhelo de vivir, envenenan el deseo de ser y de gozar y nos acercan a las puertas del infierno. Somos una contraposición, un juego de opuestos, la afirmación y su negación.

No he pretendido elaborar un diccionario de emociones, tampoco una breve enciclopedia de las pasiones humanas. En este libro bellamente editado, presento un pequeño cuaderno de bitácora para orientarse en el mar de las emociones. No he escondido debajo del tablero las emociones que ensombrecen la vida, la oscuridad que llevamos dentro y que nos convierte en artífices del mal; tampoco he ahorrado esfuerzos para mostrar la luz que brilla en el corazón de toda criatura humana, esa luz que nos hace excelsos y casi divinos.

He intentado poner en palabras los caminos del alma, los movimientos del corazón; las pasiones que nos mueven y nos conmueven, las que nos llevan al llanto y al temblor, las que hacen que la vida merezca ser vivida y nos sintamos hermanos en la existencia, al menos, durante el breve periplo de tiempo que dura nuestra vida en este mundo.

Francesc Torralba
Martinet, 2013

Francesc Torralba nació en Barcelona en 1967. Estudió filosofía en la Universidad de Barcelona y teología en la facultad de Teología de Cataluña. En la actualidad es profesor de la Universidad Ramon Llull e imparte cursos y seminarios en otras universidades de España y de América del Sur. Enseña Historia de la Filosofía contemporánea y Antropología filosófica y alterna su actividad docente con el oficio de escribir. Su pensamiento se orienta hacia la antropología filosófica y la ética. Preocupado por articular una filosofía abierta al gran público que pueda alternar profundidad y claridad al mismo tiempo, ha publicado más de setenta libros sobre temas muy variados.

LA ADMIRACIÓN

1

La admiración es el motor del saber. *Admirarse no es mirar, tampoco observar atentamente. Es sorprenderse por cómo son las cosas, es interrogarse sin hacer uso de las palabras. Es sentir la ignorancia en el propio pecho, pero, a la vez, la tentación de vencerla para dejar de ser ignorante y comprender al menos algo. Escribe Søren Kierkegaard que la admiración es el principio de toda comprensión más profunda, una pasión ambigua que* **combina el temor y la felicidad.**

Se percibe un latido de esperanza en la admiración, pero, al mismo tiempo, quien se admira entra en contacto con un misterio que lo trasciende. **El lenguaje de la admiración es el silencio.** Quien se admira, calla y, mientras calla, espera captar un destello de luz. La admiración no es el resultado de un defecto de la razón sino la expresión de su insuficiencia última.

El rostro de la admiración es nítido: la boca abierta y la mirada perdida; una mirada que no sabe qué busca, pero a la que no basta identificar los contornos del objeto. Quiere saber más, quiere entender por qué existe el mundo y qué pintamos nosotros en él.

La admiración es la **fuente de toda búsqueda**. Quien se admira se interroga por qué los seres son como son y esta pregunta lo conduce a averiguar las causas y las razones ocultas, los hilos que mueven el teatro del mundo. Admirarse es reconocer la ignorancia, pero, a la vez, abrirse al campo del saber.

Me admira que las cosas sean como son, pero todavía me admira más que sean pudiendo **no ser.** De hecho, podría no existir nada. Nada de nada. Nadie. Ni el mundo ni el ojo que lo mira. Me admira que exista el mundo, pero también que exista yo mismo y que exista el árbol, el mar y el sol. Me admira que exista un ser que se admira de aquello que contempla y que quiera descifrar el sentido de cada cosa.

La admiración es la emoción que hace abrir los ojos de par en par; **ensancha el mundo interior** y enlaza con el mundo exterior. Contiene la fuerza de la maravilla, pero también el gusano de la extrañeza. Expresa pequeñez y, a la vez, inocencia. Los niños se admiran, pero también lo hacen los sabios, los artistas y los poetas. Quien no se admira de nada no puede, ni siquiera, preguntar. Sin pregunta, no hay respuesta y, sin respuesta, no hay saber. La admiración es el motor del conocimiento. Todo empieza con la admiración.

Aristóteles nos recuerda que los hombres empezaron a filosofar a causa de la admiración. Me admira aquello extraño, aquello inusual, aquello que rompe la cadencia de los días y la rutina de las horas, pero también me sorprende el eterno retorno de lo mismo, el ciclo de la vida, la anilla que da vueltas sobre sí misma. Me admira que exista la rutina y que todo vuelva una vez y otra: la retama en primavera, la nieve en invierno y los tonos ocres en otoño.

René Descartes considera que la admiración es una de las grandes pasiones del alma y la define como una súbita sorpresa que el alma experimenta ante lo que no sabe concebir. Es un **aguijonazo,** el prolegómeno de un parto espiritual.

Admirarse es vivir. Quien no se admira de nada, no se cuestiona nada. Vive como si ya hubiera vivido. Vive sin vivir. No vive. Admirarse es tomar conciencia de la propia fragilidad, pero, al mismo tiempo, dejarse embelesar por la belleza que todo lo impregna.

La admiración es una **plegaria laica.**

EL AGRADECIMIENTO

2

El agradecimiento es la conciencia jubilosa del don recibido. *Es sentir que me ha sido dado aquello que no merezco, que me ha sido regalado aquello que no he trabajado, que soy depositario de un bien que no me he ganado a pulso.* **Al ser receptor de este bien, experimento la necesidad de agradecerlo.** *De reconocer el trabajo, el esfuerzo del otro, mostrándole gentilmente que ha merecido la pena, que no ha sido en vano, que ha dado su fruto.*

Todos necesitamos el agradecimiento. A veces, lo buscamos explícitamente; otras veces, a ciegas. La donación pura se complace en dar, no necesita el agradecimiento del otro. El agradecimiento puro se complace en agradecer, no agradece para alcanzar ningún otro propósito que no sea el del propio agradecimiento.

El bello agradecimiento nace de las profundidades del alma sin ninguna clase de coacción, fluye espontáneamente y no es exigido insidiosamente por nadie. La conciencia es el motor que activa el agradecimiento, la conciencia del don recibido, de todo aquello que, sin merecerlo, me ha sido dado. Esta conciencia es un acto de lucidez, de mayoría de edad espiritual, que nace cuando uno se da cuenta de que el primer don, el más fundamental de todos, la condición de toda experiencia, es la existencia. Aflora cuando uno siente el deseo de gritar *gracias* por todo lo recibido.

Es una necesidad interior, una **emoción,** un deber de justicia. Se siente en las entrañas la tendencia a agradecer: proviene de las profundidades del corazón. Es un sentimiento que quiere ir más allá de las fronteras del cuerpo, extenderse; por eso, mendiga lenguaje, porque siente la necesidad de hacer llegar al otro la gratitud por lo que ha recibido de él.

Agradecer es un acto de conciencia. Empieza cuando uno se da cuenta de que podría no existir, cuando uno toma conciencia del valor que tienen los otros, de la necesidad que tiene de los otros para seguir viviendo. Agradecer es el arte de dar gracias. Se pueden dar con los ojos, con las manos, con un beso, con un abrazo. Se pueden dar por carta, también por correo electrónico. La cuestión es darlas buscando cada uno la vía que le es más propia.

El don recibido generosamente estimula el sentimiento de agradecimiento. Es necesario, sin embargo, llegar a tiempo. De nada sirve agradecer cuando el donante ya no nos puede escuchar. Es un acto estéril. Hay que **llegar a tiempo,** decirlo abiertamente, reconocer el don que te ha sido dado.

El principal obstáculo al agradecimiento es la inconsciencia. Todo empieza y todo acaba con un acto de conciencia. Tener conciencia es darse cuenta de los dones recibidos. Sólo quien se da cuenta de todo lo que hay y de todo lo que ha recibido generosamente de la naturaleza, de sus padres, de sus profesores, del círculo de personas que lo rodean, puede practicar el agradecimiento. El segundo obstáculo es la autosuficiencia, esa estulta creencia que consiste en creer que todo es mérito propio, que nada me ha sido regalado, que no se debe nada a nadie. El necio llega a creer que el propio acto de existir es un mérito, una conquista, cuando, de hecho, es el mayor de los dones.

Todo nos ha sido dado. Quien tiene conciencia del don integral practica un agradecimiento integral. No le cuesta agradecer; no lo interpreta como un acto de humillación, lo interpreta como un acto de justicia y de reconocimiento.

Estamos aquí. Podríamos no estar. Nadie ha escogido su naturaleza, los talentos escondidos que hay en él. Existe el don material, pero también el inmaterial. No podemos devolver a nuestros padres lo que nos han dado, la propia existencia, pero sí podemos ser agradecidos con ellos. No podemos devolver a los profesores la sabiduría que nos han transmitido, pero sí podemos comunicar lo que nosotros hemos aprendido a quienes vienen después de nosotros.

El mejor agradecimiento es darse, **es trabajar el don recibido para ofrecerlo al mundo.**

LA ALEGRÍA

3

La alegría es un estallido de júbilo en el corazón, un grito espontáneo que llega a los confines de la *Tierra, un abrazo en medio de un aeropuerto, una lágrima de gozo que no tiene miedo de convertirse en río.* **Mueve a la acción, al movimiento, a vencer cualquier obstáculo por alto que sea.**

Es una **sacudida**, algo inesperado, porque la alegría anticipada y calculada ya no es alegría. Sobreviene sin permiso y se va sin despedirse. Es una agradable intrusa que se cuela en la vida para quedarse poco rato, pero, cuando está presente, transforma poderosamente la mirada, la forma de percibir el mundo y la propia percepción de uno mismo.

La visión del hombre alegre es muy distinta a la del hombre entristecido. Aunque ambos estén sentados en el mismo banco del mismo parque a la misma hora, no ven lo mismo, porque un corazón alegre transforma todo y cualquier indicio de sombra, cualquier mancha de oscuridad es restaurada.

Ahí radica la alquimia de la alegría: transforma lo que es negro en blanco, lo que es oscuridad en luz, lo que es decrépito en primaveral. En el fondo, nada cambia, pero la alegría causa la impresión de que ha cambiado y eso hace posible un nuevo movimiento, un cambio en el gesto.

La alegría es una luz vital que resucita cualquier signo de muerte; introduce la falsa idea de que todo es posible, porque la alegría es ciega, no ve los obstáculos ni los límites. No se aviene a razones ni se deja contagiar por los presagios fatalistas. Es la raíz de cualquier proyecto innovador, de cualquier inicio. Sin alegría no puede empezarse nada, porque para iniciar alguna cosa es necesaria la intemperancia de la alegría, el exceso de vitalidad que regala al ser humano.

La alegría es la primavera del corazón. Cuando se está alegre, todo fluye, todo brilla, todo muestra su esplendor desinhibidamente. La alegría es una explosión emocional que busca irradiar más allá de sí misma. Busca la complicidad en los otros. Es, por esencia, comunicativa, busca al otro, porque siente el deseo de alegrar al otro y contagiarlo con su potencia transformadora.

Es, al fin y al cabo, una emoción que refuerza el corazón y da tonalidad a la vida; la eleva por encima de sí misma, hace saltar al cuerpo y al alma. Es impulso, pero también una fuerza que nos propulsa hacia arriba. **La alegría eleva el espíritu,** da alas, hace más ligera a la persona.

No cabe en el cuerpo y busca expresarse más allá de las palabras, de las metáforas, de las alegorías. Quiere hacerse visible en el espacio. Necesita el gesto, las manos, el cuerpo, el grito. Por eso, la danza es su mejor expresión.

Se contrapone, esencialmente, a la tristeza. Sentimos alegría cuando tenemos la vivencia de haber alcanzado un bien, cuando experimentamos la conquista de un propósito. Es la recepción de una novedad que endulza la vida. Es la apertura de un horizonte. Se entrevé una posibilidad, se abandona el terreno de la fatalidad.

Existe, sin embargo, la alegría que salta dentro del corazón sin una razón que le confiera legitimidad. *Es la que trasciende a la razón, la que se experimenta sin una causa señalada, la que se siente cuando uno vive reconciliado con su propia vida, con el mundo que lo rodea, la que se experimenta cuando uno se da cuenta de que existe, que está vivo y que podría no haber existido nunca. La alegría de existir, de poder disfrutar de los pequeños dones que ofrece la vida es la alegría más elemental de todas, la que* **sólo puede descubrirse cuando uno se ha desprendido de todas las minucias de la vida.**

LA AMBICIÓN

4

La ambición es deseo y, al mismo tiempo, carencia. *Se ambiciona lo que no se tiene, pero se tiene la esperanza de poseer. Contiene el vector de la esperanza. En el corazón de un hombre ambicioso habita la confianza y esta fe es la que lo pone en movimiento, la que mueve su mente y la convierte en una máquina de calcular. Su pensamiento, movido por este deseo, busca los mecanismos y resortes para hacerlo realidad, planifica los pasos que debe seguir, prevé las farsas que llegado el caso tendrá que representar y maquina todos los movimientos y gestos para alcanzar la meta.* **El objetivo está claro: alcanzar el objeto de deseo.**

La ambición, sin embargo, no es cualquier deseo. Es un deseo sobredimensionado, percibido con tanta insistencia que excita todo nuestro ser hasta el punto de convertirse en una forma de sufrimiento, de ansiedad que reseca a la persona que lo sufre tanto por dentro como por fuera. Sería mejor no tener ambiciones, aceptar el pequeño dolor del día y el pequeño placer de la noche, pero el hombre ambicioso no se contenta con lo que tiene, con lo que es o con lo que representa y se desvive por lograr el objeto de deseo.

Es un deseo sin medida, sin límite, que crece exponencialmente y no se sacia en ninguna fuente. El espíritu ambicioso nunca tiene bastante, ni con lo que tiene ni con lo que es. Quiere más. Siempre. **Nunca está contento.** Es un anhelo que no puede ser contenido. El deseo crece con tanta intensidad que el ambicioso haría cualquier cosa para conseguir el objeto que anhela. Traicionaría, robaría, mataría por hacer realidad su sueño. Cuando la ambición se despliega con toda su potencia y violencia, los principios son olvidados y la ética se convierte en un pálido e insignificante recuerdo.

El espíritu ambicioso aspira a ser más, a tener más; se castiga a sí mismo porque se siente poca cosa; se percibe como un ser mediocre e insignificante, y, por consiguiente, se impone un orden de vida duro y sobrio para alcanzar sus objetivos. Nunca tiene bastante, nunca experimenta complacencia, nunca se da un simple respiro. Cuando alcanza la meta que se propone, ve traslucirse otra y pone toda su mente y todo su corazón en alcanzar el nuevo reto. Siempre quiere más y, cuando ha conquistado aquello que tan persistentemente perseguía, experimenta el tedio y siente, de nuevo, que la altivez lo lleva a querer más. Cree, ingenuamente, que dará con un objeto que aquietará definitivamente su espíritu y esta ingenuidad elemental es la raíz de su sufrimiento.

La vida del hombre ambicioso es una vida desgraciada y cansada. Vive desgarrado entre lo que es y lo que quiere ser; entre lo que tiene y lo que quiere tener; entre lo que representa y lo que querría representar. Queda deslumbrado cuando piensa que en el futuro hará realidad sus sueños, pero, mientras los espera, malvive y no deja vivir a los que lo rodean. Lo quiere todo para él; más todavía, quiere ser el Todo, no se conforma con ser un fragmento, una partícula consciente que emana del Todo.

La ambición es una emoción que conduce a la vida espartana, a la indiferencia estoica, a la disciplina mental y física. El espíritu ambicioso sabe que viviría mejor si no fuera ambicioso, si aceptara el regalo de la vida tal y como se le da, si se aceptara a sí mismo, su entorno, sus limitaciones, pero experimenta un anhelo que lo domina por completo; escucha una voz que le recuerda que puede hacer más, que está llamado a hacer cosas grandes, que no se duerma en los laureles, que tense la cuerda del arco hasta agotarse.

El orgullo es la raíz de la ambición, *pero la ambición, bien entendida, es factor de innovación y de creación. Es el perfecto antídoto contra la repetición y el conformismo.*

LA AMISTAD

5

La amistad es un sagrado vínculo entre dos seres humanos, *una cuerda invisible que los une estrechamente. Es un yo que se abre a un tú para revelarle los secretos más íntimos, es un tú que se abre a un yo para comunicarle su esfera privada. No valdría la pena vivir esta vida sin amigos.* **Los necesitamos porque somos vulnerables,** *porque no somos dioses, porque experimentamos la incertidumbre, el miedo, la fragilidad y necesitamos consuelo, ayuda y apoyo, pero también porque sentimos la necesidad de comunicar lo que nos conmueve y nos alegra, lo que nos entusiasma y buscamos en el fondo del alma.*

La raíz de la amistad es la **comunicación,** una comunicación que fluye en dos sentidos, que cruza la espesa capa de prejuicios y de complejos que los seres humanos edificamos con obstinación. Es el ácido que disuelve las asperezas y los aguijones de la vida cotidiana, aquellos grumos que difíciles de digerir.

La esencia de la amistad radica en la transferencia de pensamientos y sentimientos, de recuerdos y de proyectos, de alegrías y de tristezas, de sustos y de rutinas que los amigos se comunican entre sí. Es intercambio, fluidez comunicativa, una relación de mutuo aprecio que no busca ni la utilidad ni el placer. Es un fin en sí misma y un verdadero consuelo en los días oscuros. No escogemos a los amigos por su cuerpo, por su riqueza, por sus títulos o por su fama sino por su alma, por aquella riqueza intangible que hay en ellos. **El milagro de la afinidad es el nexo que engendra la amistad.**

Los amigos se encuentran enlazados por un hilo invisible que los une estrechamente. Es una cuerda, más que un hilo, que, vayan donde vayan, por lejos que estén el uno del otro, los mantiene unidos. No hay liturgias, no hay papeles, no hay contratos, ni notarios: la amistad es un pacto tácito, un movimiento que sale de las entrañas, pero que se cultiva a lo largo del tiempo, que necesita atento cuidado y dedicación. El tiempo es la mejor maceración para la amistad.

El amigo no halaga. El halago es una forma de chantaje, busca un interés, la complacencia, pero no la verdad. En el halago hay miedo, pero también ausencia de crítica. El amigo susurra las verdades a la oreja, incluso las que hacen daño, las que no queremos oír, las que no permitimos que nadie diga en voz alta. El amigo no las revela fuera del ámbito privado, porque sabe que los otros las pueden utilizar para herir y destruir. El amigo sufre por el alma de su amigo. Lo busca para disfrutar de la belleza de la vida, pero también porque su conversación es un bálsamo y un estí-mulo para él, un mecanismo para salir del solipsismo de sus pensamientos y explorar territorios que le dan miedo.

El amigo puede decir las verdades que duelen, porque conocemos su intención; sabemos que su finalidad es el bien y sabemos que aun cuando uno sea difamado por todo el mundo, aun cuando el dedo acusador de la gente pese sobre uno, el amigo estará a su lado, porque lo que es propio del amigo es *estar ahí*.

Exacto. ***Estar ahí: ésta es la expresión.*** El amigo *está ahí* cuando todo va bien y cuando todo se hunde. Sabe *estar ahí* cuando se celebra la vida, pero también cuando la muerte ha visitado nuestro espacio íntimo. El amigo es el que *está ahí*. Está ahí sin pedírselo, está ahí sin pasar el platito, está ahí porque siente que es su deber interior. Está ahí discretamente, sin hacer ruido, sin estridencias, a los pies de la cama, al otro lado del teléfono, en las horas de temor, cuando todos han marchado y no queda nadie. Entonces, ahí es donde está el amigo.

Es la proximidad de corazón lo que hace grande a un amigo, *el trato confidencial, el hecho de poder contar con él incondicionalmente, esta confianza es la que ensancha los límites de la conversación más allá de lo que está estipulado y* **permite transgredir la liturgia de la cortesía social.**

EL AMOR

6

Demasiada frivolidad envuelve la más pura e intensa de las pasiones, **la verdadera sal de la vida, lo que mueve secretamente los hilos de la acción humana: el amor.** *Los poetas más cursis de la Humanidad lo han pintado como un ramplón abrir y cerrar de ojos, como un azucarado cortejo con final feliz, como una danza acompasada, pero el amor, cuando sale del corazón, es pasión, sufrimiento, anhelo y sufrimiento, voluntad y donación.*

Una extraña mezcla de opuestos hace emerger del centro de la bestia lo mejor que hay en ella, pero también su peor lado. Es rico y es pobre al mismo tiempo. **El amor es anhelo,** un deseo que no se agota, que siempre quiere más, pero, a la vez, es fuente de donación.

El amor obra maravillas dentro del ser humano, lo hace capaz de actos de insospechada generosidad y de entrega, lo eleva al plano de los dioses. Cuanto más quiere una persona, más se olvida de sí misma, más se descentra de sus pensamientos, de manera que, en esta excursión al olvido, se reconoce en los otros formando parte de su destino y de su historia. Como escribe John Rawls, querer a alguien significa no sólo preocuparse por lo que quiere y por lo que necesita sino reforzar el sentido del **valor** de su propia persona.

Quien quiere sólo tiene una obsesión: el bien de la persona amada. Quiere darse al otro, para embellecer su vida, para hacerle más agradable la existencia. Quiere salvarla de las horas de la noche, de la intrusa enfermedad y del dolor nocturno.

Querer es sufrir. **Es imposible querer y no sufrir.** La solución del dilema no radica en dejar de querer, porque sin amor la vida se convierte en una no-vida, en un pasatiempo tan estéril como macabro. No hay otra solución: es necesario amar para vivir, pero quien opta por amar irremisiblemente sufrirá.

Existe el amor posesivo, que ahoga y asfixia. Convierte al otro en un objeto, en un puro instrumento, amputa su libertad y niega su dignidad. Es un deseo que, en el fondo, está movido por el miedo, por la incapacidad de afrontar la soledad absoluta y por el hecho de sentirse completamente desprotegido en el mundo. Lo llaman *amor*, pero no es amor. Es un mecanismo de supervivencia, una expresión de la precariedad humana que se reviste de fuerza y de poder y que somete al otro.

El amor que verdaderamente obra maravillas en el mundo es el aprecio, el deseo de bien para el otro, el anhelo de que sea él mismo, de que llegue a convertirse en lo que está llamado a ser. Es abnegación y donación, es adoptar la forma de servidor y es hacerlo sin esperar nada. Nada de nada. A fondo perdido. Es **donación** gratuita y libre.

Quien ama, como dice Søren Kierkegaard, no calcula, no planifica, no espera nada de nadie, nada del otro; sencillamente da lo que tiene, da lo que sabe, da lo que ha aprendido, se da a sí mismo y, en este acto de donación plenamente libre, saborea la más grande de las pasiones, la que hace que la vida merezca ser vivida.

Vivir es, *como recuerda Joan Maragall,* **amar y quien no ama no vive.** *Tampoco deja vivir.*

LA ANGUSTIA

7

La angustia es sentirse colgando de un hilo sobre un abismo. *Es una asfixia en el pecho, un no saber a qué atenerse;* la angustia es la vivencia interior de la incertidumbre de la propia vida, *de la futilidad de este mundo, de la irreversibilidad del tiempo que pasa y no se detiene y de la insignificancia del yo enterrado en este gran mundo.*

Es una **vivencia singular**, un estado de ánimo que se manifiesta en el rostro, que busca su expresión en el cuerpo, que deja señales en la carne. Nadie se puede angustiar por mí. Aunque lo quiera. Tampoco yo puedo salvar al otro de su angustia. Puedo escucharlo, acompañarlo, consolarlo, llorar con él, pero su angustia es intransferible.

La angustia es una forma de sufrimiento intangible, una vivencia tóxica que revela, al mismo tiempo, la grandeza de la condición humana, pero también su insignificancia. **Dios no se angustia**. El animal tampoco. Entre esos dos mundos, irrumpe el ser humano. No puede ser Dios, pero tampoco puede ser puro animal. Desearía tener las cualidades de Dios, su inmortalidad, su omnipotencia, su eternidad, su majestuosidad, pero no puede alcanzarlas y, debido a ello, se angustia. A veces, querría vivir libre como un animal por el campo, sin normas, sin preceptos, sin convenciones, sin culpa ni remordimientos, pero, cada vez que lo intenta, la angustia irrumpe en su alma.

El animal tiene miedo, teme al enemigo y busca refugio, pero la angustia no es el miedo, no tiene un objeto definido. Es un sentimiento que irrumpe del fondo del acto reflexivo. Cuando uno se piensa a sí mismo en el magma del mundo, cuando piensa que dejará de existir y que todos los lazos que ha forjado lentamente, que ha hilado con cuidado, se desharán con la muerte, se angustia. Quiere seguir siendo, quiere que su gente querida no deje de estar ahí. El pensamiento, cuando no se autocensura, cuando anticipa la trágica certidumbre del futuro, la única certidumbre que nos ofrece el futuro, se atraganta, porque experimenta cómo la angustia penetra dentro de las estancias del pensamiento lógico y lo hace temblar.

Si la reflexión es el verdadero motor de la angustia, parece que la salvación es clara: **no pensar,** distraerse, huir del acto consciente, evadirse de uno mismo y de cualquier palabra que pueda activar la audacia de pensar. La caída en la frivolidad, la tentación de la banalidad, sin embargo, no salva ni consuela. Distrae, pospone la carcoma para más adelante, la retrasa, pero, cuando el más mínimo espacio de silencio envuelve a la persona, se activa de nuevo en sus múltiples y diversas manifestaciones, porque la angustia, como lúcidamente vio Søren Kierkegaard, adquiere rostros muy distintos.

Me angustia pensar que dejaré de existir, pero también que dejarán de existir todos aquellos a quienes quiero y he querido. Me angustia tener que escoger, tomar esta o aquella senda y saber que nunca más volveré a la encrucijada donde estoy ahora; me angustia la irreversibilidad del tiempo, la imposibilidad de girar las agujas del reloj hacia atrás, de visitar mi infancia, mi juventud y desquitarme de los males causados; me angustia la ley moral en mí, una ley que choca frontalmente contra las inclinaciones egoístas y que me exige ser coherente siempre; **me angustia el silencio del Cosmos**, la mudez de Dios ante el mar, el círculo de la historia que gira una vez y otra sobre el mismo eje, en una danza que da vueltas eternamente sobre sí misma y en la que todo se repite: la belleza y la fealdad, la bondad y la perversidad, la compasión y la crueldad.

La angustia es un corazón desgarrado entre propósitos irreconciliables que debe tomar una decisión. *Nadie la puede tomar por él. Es el vértigo de las posibilidades, pero, al mismo tiempo, la losa de la necesidad. Es la duda convertida en sufrimiento. Es un no saber qué hacer, un no saber qué creer, un no saber dónde ir, un no saber con quién hacer el viaje de la vida.* **Es zambullirse en el abismo de la vida y reconocer que todo es efímero y volátil.**

LA APATÍA

8

La apatía es no sentir nada. *Ni frío ni calor, ni alegría ni tristeza. Es el corazón endurecido a golpe de disciplina. No es una emoción, al contrario: es la privación de toda emoción.* **Es una conquista, pero también una fatalidad.**

Para algunos, la apatía es el **horizonte de vida,** el verdadero ideal de existencia, la garantía de la paz espiritual, de la tranquilidad del alma. Dicen que es el modo de sobrevivir al flujo de transformaciones, de cambios y de rupturas que se dan en el mundo. Dicen que es un pequeño refugio en medio de la incertidumbre, el antídoto contra todos los males. Para otros es el destino, el lugar de llegada no deseado, la consecuencia de haber sufrido mucho, de haber esperado mucho y de no haber alcanzado aquello que se esperaba. En este caso, la apatía no es una conquista ni un anhelo buscado sino el fruto amargo de la resignación, de la derrota de vivir.

Esta apatía es una forma de muerte anticipada. Por exceso de sufrimiento, el corazón se ha desmigajado y ha quedado suspendido en el aire en miles de partículas inconexas. Entonces no siente nada. No espera nada. No se complace en nada. No se angustia por nada. Todo le da lo mismo: amar como no amar, conocer como ignorar, disfrutar como sufrir, **vivir como morir.**

La apatía, como horizonte de vida, es el fruto de un largo y disciplinado ejercicio físico y espiritual. No se alcanza de golpe ni depende de la buena voluntad. Los estoicos son maestros en ello. Nos recuerdan que hay que aprender a no sentir odio ni rencor, tampoco codicia ni celos. Nos exhortan a prescindir de la mirada de los otros, a pasar por alto su crítica y su juicio. Nos invitan a amar a todos los seres con igual benevolencia, tanto a aquellos que quieren para nosotros el bien como a aquellos que nos desean el mal. Éste es su horizonte de vida: aprender a vivir desligado de todo, de los vínculos, de las convicciones morales y espirituales, de las posesiones, de los honores y de los títulos, de la fama y de la vanagloria.

La apatía es el sedimento que queda cuando uno se ha desprendido de todo lo que lo tenía atado, cuando ya no tiene nada que perder ni que ganar, cuando todo le da igual, porque vive perfectamente consciente de lo que es y no espera nada, porque vive centrado en el ahora, porque se ha ejercitado en el arte del olvido, pero también en el arte de no esperar. La apatía es, entonces, **el camino hacia la libertad.** Uno ya no espera nada ni de sí mismo ni de los otros, tampoco de su cuerpo ni de su alma. Entendida como conquista moral, no cura los males, pero permite afrontarlos desde la conciencia relativa de la propia identidad, sin perder de vista la pequeñez de cada ser humano en la infinita grandeza del Cosmos. Es tomarse la vida desde un sabio «Me da lo mismo» que no conduce, sin embargo, al cinismo, porque, según los estoicos, hay que amar a todos los seres, pero sin aferrarse a nada ni a nadie.

La piedra es apática. No siente frío, no siente calor, no siente amor ni desamor, no siente nostalgia ni angustia, no siente tristeza, ni alegría. La apatía no es un estado natural. La apatía es, a mi entender, **sobrehumana**. Llegar a ser una piedra, llegar a no sentir nada es deshacerse de la humanidad, es el estado de indiferencia absoluta. Cuando se percibe de verdad este estado, nada conmueve, ni el odio, ni el amor, ni la victoria, ni la derrota. Es el espíritu quieto, idéntico a sí mismo, inmutable en las vicisitudes de la vida, casi divino, indiferente al pasado, también al futuro, al halago y a la crítica destructiva. Es fortaleza, dureza, impermeabilidad a todo.

No es mi ideal de vida, aunque, a veces, **cuando el dolor invade todo el ser, uno quisiera ser piedra, desearía ser como el cuarzo,** *no sentir nada, ni percibir nada, ni siquiera la vida vegetativa.*

EL ARREPENTIMIENTO

9

Sentirse arrepentido es el primer paso para pedir perdón. *Arrepentirse es experimentar pena por aquello que se ha dicho, por aquello que se ha hecho, por aquel mal que se ha causado.*

Es un acto que nace del corazón, de un corazón atento a los otros. Supone, necesariamente, un examen del pasado, una toma de distancia respecto a la propia vida. El detenerse es la condición básica e ineludible para el arrepentimiento. La aceleración, como forma de vida, es un verdadero obstáculo. La aceleración es un modo de escapar del pasado y, de rebote, del examen de la propia vida. Como diría Sócrates, una vida no examinada no merece ser vivida.

Arrepentirse es ponerse en la piel del otro, contemplar el efecto que las propias acciones tienen en él. Es salir del recinto del ego y constatar que el otro ha sido ultrajado, vulnerado, y que yo he sido la causa eficiente de este sufrimiento. Arrepentirse es **vencer** el orgullo del ego, la petulancia endurecida de quien nunca cede. Es reconocer el error y por eso requiere la humildad, la mano tendida. No garantiza la reconciliación, que la víctima ofrezca el perdón. Es un acto audaz, porque se traduce en una petición, en una solicitud de perdón.

Cuando la ofensa es muy profunda, el arrepentimiento no es suficiente. La víctima siente que no puede perdonar aun queriéndolo; siente que, por fidelidad a sus principios, no puede pasar por alto el mal al que ha sido sometido. Arrepentirse es implorar el perdón, esperando que el otro sienta piedad y lo conceda.

La **conciencia** es la raíz del arrepentimiento. Un ser se examina y, al comprender lo que ha hecho, lo que ha dicho, lo que ha dejado de hacer y de decir, siente cómo se le rompe el corazón. Se mira en el espejo y se siente sucio. Entonces, experimenta el deseo de rehacer lo que ha roto, de curar el corazón herido, de recomponer el orden.

Arrepentirse es reconocer los fragmentos y recomponer, de nuevo, el alma. Supone un acto de conciencia. Sólo la humildad puede hacer bajar el ego de su pedestal para adoptar la perspectiva del otro y darse cuenta de su sufrimiento.

Sólo puede solicitar perdón quien tiene conciencia que ha causado daño. La conciencia del mal exige sensibilidad, atención, cuidado hacia el otro. La atención es fuente de sufrimiento. Sólo quien es atento capta el mal causado y sólo él puede arrepentirse. Hay una brizna de esperanza en el arrepentido, la confianza en el abrazo final, en la **reconciliación.**

El acto requiere, sin embargo, audacia, porque, al arrepentirse, uno no tiene ninguna garantía de que su pena será redimida, no tiene ninguna seguridad de que la víctima lo vaya a perdonar.

Existe un arrepentimiento que no se contenta con el abrazo de la víctima, porque la pena por el daño causado es tan profunda y ha provocado un agujero tan hondo en el alma que sólo puede esperar un perdón concedido por las alturas.

Existe el arrepentimiento secreto, que no se muestra públicamente, no sale fuera del diálogo íntimo de uno con sí mismo, *pero existe el arrepentimiento que se carga de valor y se convierte en lamentación pública, en un acto de contrición que todos pueden ver. Este paso, tan difícil como audaz,* **es un gesto que puede tocar el corazón de la víctima y hacer posible el proceso de reconciliación.**

LA AVARICIA

10

La avaricia es una emoción tóxica y, al mismo tiempo, un vicio capital. *Es el afán desmesurado de poseer, de tener y de acumular bienes. El avaro no los disfruta, ni siquiera en privado. Sólo quiere acumular bienes, cuantos más mejor, y contar cómo aumentan hora tras hora.* **No los quiere para otra finalidad que poder tenerlos.**

Se trata de una **desmesura,** un deseo excesivo que nunca toca techo, porque crece desproporcionadamente y, cuantos más bienes se poseen, más se experimenta el deseo de tener más, en una carrera infinita que convierte a la persona en esclava de una pasión que puede más que ella y que la transforma en un artefacto que no piensa más que en acumular, acumular toda clase de bienes.

La avaricia es un aferrarse intenso y dependiente de los bienes y, como todo aferrarse, supone una privación de libertad. El avaro siente verdadero dolor cuando tiene que desprenderse de alguna cosa que le pertenece; experimenta un fuerte desasosiego, aunque no le sirva para nada, aunque nunca le preste atención. **Está incapacitado para dar** y de esta manera contradice la naturaleza esencial de todo ser, porque todo ser está hecho para darse, para revelar a los otros aquello que es y exteriorizarse en el mundo.

La rosa florece sin porqué, se da gratuitamente, sin quedarse nada para sí misma. El árbol da sus frutos gratuitamente. Todos estamos hechos para el don, pero podemos vivir contra aquello que somos, contra esta tendencia esencial inoculada a todo ser, y dejarnos vencer por el instinto posesivo, por la avaricia que nos predispone a recibir, pero nunca a dar.

La fluidez entre el recibir y el dar es la raíz de la vida. La interacción entre lo interior y lo exterior es la base de la existencia, pero no sólo en los seres humanos sino también en toda forma de vida, desde el ser unicelular hasta la persona. Estamos hechos para recibir y para dar, somos permeables a lo que nos viene de fuera, pero también tenemos la necesidad de dar lo que somos a los otros.

La avaricia es un desorden que conduce a la autodestrucción y, como tal, se opone a la lógica del don. Mientras el avaro lo quiere todo para él y no está dispuesto a compartir nada de lo que acumula, sea por miedo de perderlo o sea por provocar la envida en los otros, el espíritu generoso da lo que tiene, lo que sabe, lo que conoce, comparte los bienes que posee y lo hace sin pesar, sin esperar retorno, sin calcular qué beneficios sacará de ello.

Avaricia y generosidad se oponen radicalmente, porque una conduce al encastillamiento, al cierre y a la acumulación, mientras que otra mueve a la fuerza creativa de la donación.

La generosidad es permeabilidad, donación libre. **La avaricia es solipsismo.** No quiere exhibir lo que tiene por miedo de perderlo. Incluso se viste discretamente, sobriamente, porque no tiene necesidad de despertar la envidia ni el halago de los otros.

Lo quiere todo para él, no quiere gastar, ni compartir; no es capaz de dar y, mientras acumula y acumula, piensa que será eterno, pero ninguno de los bienes que atesora le puede garantizar la vida eterna. Tarde o temprano, se va. Al fin, muere, y todo lo que ha escondido bajo las piedras **muere con él.**

Sólo queda de nosotros aquello que damos libremente y generosamente a lo otros, *aquello que regalamos en vida, porque este don fecunda otros seres y genera nueva vida.*

LOS CELOS

11

Los celos son el sentimiento de desconfianza de quien teme que otro sea el preferido. *También son una forma de envidia que se experimenta cuando el otro posee alguna calidad que uno desea.*

La raíz de los celos es el deseo de aquello que no se posee. Es un deseo que se percibe con insistencia y que duele en el interior, porque, a medida que pasa el tiempo, crece de proporciones. Es un sentimiento interior, pero como todo estado interior, se manifiesta, con mayor o menor claridad, en el exterior, sea a través del habla o del silencio.

Los celos entre hermanos son un sentimiento que nace en la infancia, pero que persiste, de manera latente, en la vida adulta y, con frecuencia, se manifiesta en conflictos graves que hacen imposible la paz familiar. El hermano celoso siente que el padre cuidó más de la hermana, que le dio a ella lo que él quería, que la trató mejor. Pasan los años, pero esta percepción anida dentro del alma. Siente, además, que ella tiene unas cualidades que él no posee y eso lo roe por dentro.

Los celos son un sentimiento que no conoce edades ni distinciones de género y que, poco o mucho, se manifiesta en todas las etapas de la vida, aunque no necesariamente con la misma intensidad y sufrimiento. Cuando estamos en el patio de la escuela, sentimos celos porque un niño juega mejor a la pelota, porque es el preferido de la profesora o, al menos, así lo percibimos nosotros. Nos hace sombra, querríamos que desapareciera del escenario, porque mientras él lo ocupa, acapara todas las miradas y eso nos duele.

La sustancia de los celos cambia de color y de textura, pero los celos **persisten.** En la vida adulta, sentimos celos bien porque el otro tiene unas cualidades que lo hacen excepcional o bien porque ha sido preferido por los jefes en un proceso de promoción laboral. En lugar de felicitarlo y animarlo en su nueva tarea, los celos nos conducen al hermetismo, al aislamiento, a la destrucción de uno mismo y del vínculo social.

Es una de las emociones más **tóxicas** que un ser humano puede experimentar. Nace de un agravio comparativo, de la mala tendencia a comparar. Tiene la misma raíz que la envidia y que el resentimiento. Irrumpe cuando se detecta en el otro un conjunto de cualidades que lo hacen excelente y, en lugar de reconocerlas y quererlas, uno quiere poseerlas. Este deseo son los celos.

Estar celoso conlleva verdadero sufrimiento. Las cualidades del otro duelen, su belleza, su capacidad intelectual, su simpatía, todo duele, porque uno arde en deseos de tener todo para sí. Cuando estas cualidades despiertan el interés de los otros e incluso el reconocimiento social, todavía duelen más en el hombre celoso y, al no poder soportarlo, opta por desacreditar al otro, por negarle estas cualidades, por desmerecerlo.

Los celos fluyen entre los niños, pero también entre grandes empresarios, cantantes, políticos, actrices e intelectuales. Nadie se escapa. En este trabajo de anulación del otro, se pone de manifiesto el complejo de inferioridad del hombre celoso y cómo este **sufrimiento** lo reconcome, lentamente, por dentro.

El primer antídoto contra los celos es reconocerlos. *Cuando uno es capaz de darse cuenta de que está experimentando esta emoción y de situarla en el plano de la conciencia, ya está en el camino de la liberación.* **El segundo paso es analizar la raíz de este deseo,** *hurgar en la historia pretérita y averiguar las razones objetivas o subjetivas de esta emoción. Y, finalmente, el último paso es reconciliarse con uno mismo, con las propias cualidades y defectos, con la historia vivida y deshacerse de la maldita tendencia a poseer lo que el otro posee.*

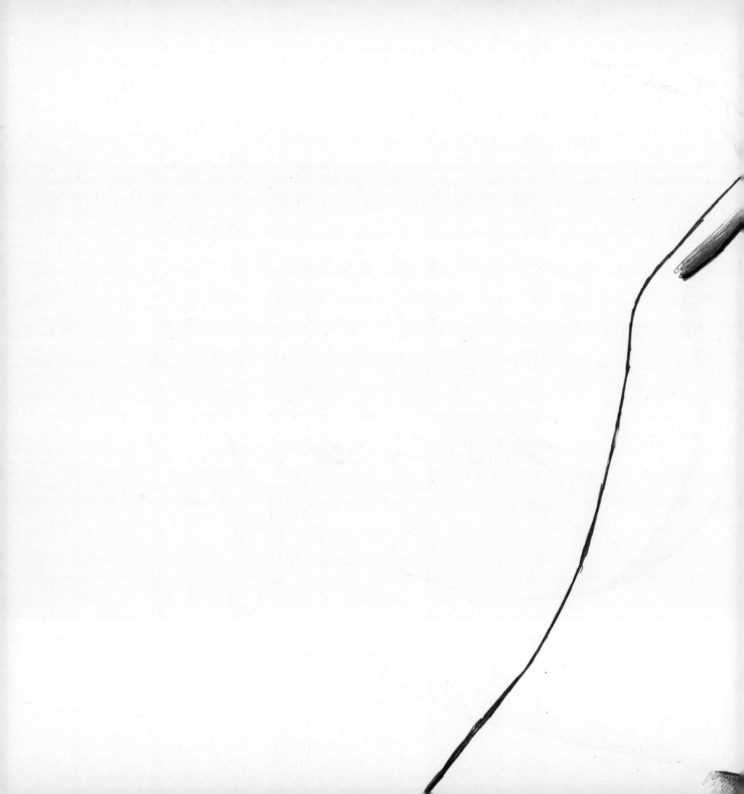

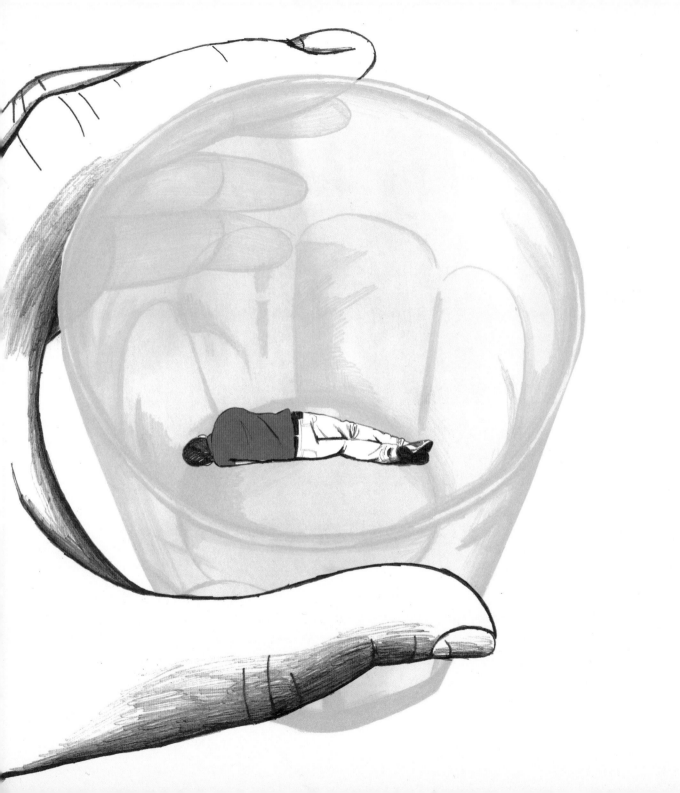

LA COBARDÍA

12

La cobardía se opone frontalmente a la audacia. *Nace de un sentimiento de inferioridad, de un miedo inoculado dentro del alma.* **El cobarde esconde la cabeza bajo el ala y no afronta la verdad,** *prefiere dejar pasar los días que anticiparse y asumir el riesgo de decir lo que piensa y lo que cree.*

La cobardía conduce a la mentira, a la falsedad, al engaño, a todo tipo de tejemanejes. **El cobarde se adentra en el baile de las máscaras.** Tiene miedo de ser quien es, tiene miedo de decir lo que piensa, tiene miedo de expresar lo que siente, tiene miedo de hacer de su vida un proyecto personal, tiene miedo de empezar de nuevo, tiene miedo de vivir y, antes de emprender cualquier acción, por pequeña que sea, mira de reojo a derecha e izquierda en busca de aprobación. Necesita alguien que lo avale, alguien que le dé un empujón, alguien que lo proteja, alguien que lo defienda cuando las cosas se tuercen, alguien que le dé apoyo cuando en su hogar se sienta a la intemperie.

La cobardía es una **emoción tóxica,** pero, al mismo tiempo, es un vicio, una mala costumbre que detiene la persona, la paraliza en el tiempo y hace que, por miedo a perder lo que tiene, no emprenda ninguno de sus proyectos.

Es una expresión del instinto de autoconservación llevado a la máxima potencia. El cobarde quiere seguir siendo lo que es, quiere seguir teniendo lo que tiene; no está dispuesto a perder ni a soportar la mirada censora de los otros. Esta cobardía lo anula como persona, corta su crecimiento personal, porque crecer es dejar de ser lo que uno es para convertirse en aquello que todavía no es. La semilla no puede ser planta si no está dispuesta a dejar de ser semilla y la planta no puede convertirse en árbol si no está dispuesta a dejar de ser planta.

Las etapas de la vida se suceden independientemente de la voluntad humana. Abandonamos la infancia y penetramos en la esfera de la juventud sin haber dado ninguna autorización; después, somos expulsados violentamente de la etapa más codiciada por los hombres, la juventud, y nos adentramos en la vida adulta, cargada de responsabilidades y dolores de cabeza, de cuitas e inquietudes, y, finalmente, cuando asumimos plenamente los deberes y las responsabilidades de la vida adulta, nos hemos hecho viejos y caminamos encorvados con la ayuda de un bastón.

El cobarde no escoge las etapas de la vida. Tampoco el audaz. Le vienen dadas, pero el cobarde deja pasar el tiempo, vive pasivamente cada fragmento de historia, esperando las órdenes de fuera, atendiendo los movimientos de los otros. Siempre mira de reojo, tiene miedo a fallar y sólo cuando todo está ganado juega fuerte.

El audaz, en cambio, hace de cada etapa una vida propia y autónoma y toma decisiones en primera persona del singular, ejerciendo tanto como puede su autonomía y mostrando, en cada momento, que no es esclavo del Destino sino un ser singular y único a quien se ha dado el don más grande, la posibilidad de vivir, y que no quiere malgastarlo a causa del miedo o del complejo de inferioridad.

Existe una constelación de cobardías: la de quien calla, cuando tendría que hablar; la de quien se queda en casa, cuando tendría que salir a la calle; la de quien reniega en la cocina de casa, pero **enmudece** ante el jefe; la de quien no mira a los ojos cuando tiene que pedir perdón; la de quien atiza a los más débiles, pero se somete como vasallo ante los fuertes.

También hay la cobardía existencial, que consiste en renunciar en ser lo que uno es, ya sea por inseguridad personal o bien por miedo a la crítica. Existe, finalmente, la cobardía de no reconocer los sentimientos más íntimos por no perder la imagen estereotipada que uno se ha construido de sí mismo.

El principal antídoto contra la cobardía no se puede comprar. No hay recetas. No hay atajos.

Lo único que puede vencerla es la confianza en uno mismo, *en las posibilidades escondidas en el propio ser.*

LA COMPASIÓN

13

La compasión es sentirse estrechamente unido a los otros, *tan profundamente unido que se disuelve la dualidad aparente que separa el yo del tú, el nosotros de los otros, los de aquí y los de ahí. Es la percepción de una unidad subterránea que no deshace la multiplicidad de los seres.* **Es un lazo invisible que no establece diferencias y que se nutre de una experiencia primordial, de tipo místico.**

El espíritu compasivo trasciende las diferencias, no las niega, ni las ignora, pero se da cuenta de que más allá de las apariencias hay una unidad. Rasga el velo de Maya y capta el fondo común. **Es un acto de sabiduría,** una experiencia de trascendencia, porque sólo quien va más allá de las aparentes dualidades y contradicciones capta este fondo unitario y se da cuenta de la insostenible farsa del individualismo.

La compasión es la destrucción de las barreras, la fusión de los coros, la emoción que enlaza profundamente de los seres, los reconcilia y los hermana de tal manera que ningún ser es visto como una entidad ajena. El problema del otro es percibido como propio, porque el otro ya no es visto como alguien separado, aislado, ajeno sino como uno mismo. Es una práctica que deshace todo tipo de prejuicios y de precomprensiones, que desnuda a los seres de todos los elementos accidentales y se queda con la **esencia** de cada uno de ellos, con aquella semilla espiritual que late en cada individualidad, pero que no se agota en ninguno de ellos.

La compasión se opone a la indiferencia, pero también al sectarismo, al elitismo y a cualquier práctica excluyente. Ser indiferente es pasar de largo. Es un mecanismo de defensa para no tener que sentir el dolor del mundo. Un acto de cobardía. La compasión rompe el hermetismo del círculo, se proyecta más allá, no establece diferencias entre lo de dentro y lo de fuera. No es selectiva. Se abre de par en par al otro y comparte su sufrimiento.

Es sentir la unidad, sin dejar de ser singular. Es un acto de conciencia que consiste en ensanchar mentalmente los límites del propio mundo, en extender las fronteras del amor y salir más allá del campo conocido para incluir a los otros, para darse a los otros.

En el acto compasivo, todo ser es percibido como igual, como miembro del mismo organismo. La compasión no salva por arte de magia. Es un sentimiento que se traduce en una acción concreta y plástica. Es una vivencia que conmueve, que activa todos los órganos del cuerpo en una única dirección: paliar el sufrimiento del otro.

Compadecerse es pararse, agacharse, dar consuelo, dar pan a quien tiene hambre, dar agua a quien tiene sed, curar las heridas a quien está malherido, compadecerse es escuchar a quien necesita ser escuchado, perdonar a quien siente la roedura de la culpa, llorar con quien llora, rezar con quien reza, ponerse a su lado.

Allí donde hay un rastro de asimetría, desaparece la compasión. La asimetría conduce a la humillación del otro. Nadie quiere ser objeto de misericordia, nadie quiere ser mirado con condescendencia, por encima de los hombros. La compasión no es superioridad, es **identificación total** con el otro, y esto sólo es posible si hay equidad.

Compadecerse es sentir el mundo como casa, sentir al otro como hermano en la existencia. *Es experimentar su sufrimiento como propio.* **Es la tristeza nacida del mal ajeno. Es la verdadera esencia de la humanidad.**

LA CONFIANZA

14

La confianza es una relación cara a cara.
Obedece al deseo de abrirse, de exponer libremente el propio yo, de manifestar la nube de pensamientos y sentimientos que hierve dentro de nosotros. Esta apertura sólo es posible cuando el mito de la autosuficiencia se deshace y **uno se da cuenta de que necesita a los otros para vivir.**

Es un pacto tácito, invisible, sin papeles ni firmas, una forma de fe laica que no se eleva hacia las alturas pero hace posible la vida aquí abajo. Confiar es tener fe en el otro, en aquello que dice y promete, es creer en su palabra. **Es ponerse en sus manos,** sabiendo que también él está expuesto al error.

Cualquier movimiento, por pequeño que sea, viene precedido por un acto de confianza. Sin confianza es imposible vivir. Si cada movimiento vital tuviera que ir precedido por una certeza inmutable, por una prueba lógica universal, nunca podríamos movernos, ni siquiera dar un paso. En un universo tejido de incertidumbres y de perplejidades como el nuestro, la confianza es el alimento esencial. **Necesitamos confiar,** antes que nada, en nosotros mismos, en nuestra capacidad de afrontar aquello inesperado y de transformar la miseria en luz. Necesitamos confiar en los otros, en el talento de los más jóvenes, en las instituciones democráticas y en los profesores, en el género humano, para afrontar las situaciones difíciles.

Cuando todo está en crisis, la confianza es el único motor de transformación. Si la confianza entra también en crisis, no habrá manera humana de superarla. La confianza tiene un aire quijotesco, un fundamento que trasciende la razón; se construye sobre una intuición del corazón y sobre el convencimiento de que no todo está perdido. Debemos decírnoslo una vez y otra, incluso cuando no tengamos razones objetivas para seguir repitiéndolo. Sólo quien se lo cree se pone en camino.

Existe la confianza ingenua, pueril, que apuesta por todo y por todos, que se deja engañar por las bellas palabras, pero también la confianza que ha madurado a fuerza de golpes, que no se entrega inmediatamente a cualquier postor, que busca argumentos y razones. La confianza que ha alcanzado la **madurez espiritual** siempre está amenazada por una nueva traición, tampoco tiene la certeza absoluta de sus apuestas. Confiar es creer y creer es esperar. Cuando la confianza se agota, la vida se convierte en un infierno, un escenario presidido por la vigilancia y por el miedo.

Confiar es apostar, pero la experiencia de la vida ayuda a discernir, a separar quién merece ser objeto de confianza y quién no. Contra el cínico, hay que reivindicar la virtud de la confianza. Contra el ingenuo, hay que mostrar que la confianza madura con el paso de los años.

Confiar es exponer, poner hacia fuera lo que llevamos dentro. Exponer es exponerse, resultar vulnerable a la mirada ajena. Al expresar lo que siento y pienso, lo que me hace sufrir y me duele, hago un acto de confianza. Confío que el receptor sabrá guardar silencio y que no revelará aquello que le he dicho. La confianza es asumir un **riesgo**, el riesgo de decirse sin rodeos.

A través de la comunicación de lo que es íntimo se pretende aligerar un peso,
aunque sólo sea metafóricamente.

La confianza es esta fuente de liberación. Al descargar un tormento interior, camino más ágil, más distendido, tengo la sensación de que me han sacado un peso de encima, pero, al mismo tiempo, experimento otro miedo: el miedo de ser difamado, cuyo verdadero antídoto es la confianza.

EL CONSUELO

15

Nos rompemos. La dureza irrumpe y todo aquello que parecía sólido se licúa. *La vida no es una sucesión continuada y estipulada de momentos, no es un círculo que da vueltas sobre sí mismo siempre en la misma cadencia. Está hecha de rutinas y de cortes, de cesuras y de fracturas.* **El alma recorre valles muy oscuros, pero también se eleva a cimas muy luminosas.** *Somos, como dice Hans Blumenberg, seres necesitados de consuelo.*

El sufrimiento pone de manifiesto la miseria y la finitud, las limitaciones de la existencia, la indefensión, la debilidad y la necesidad que todos tenemos de los otros, especialmente cuando se tuerce. **Necesitamos compartir las alegrías y celebrarlas,** pero todavía más las penas y los sufrimientos.

La necesidad de consuelo irrumpe cuando sentimos que todo se rompe. Unas veces son las relaciones, otras veces los proyectos. Hay relaciones que habían empezado con un entusiasmo casi sobrenatural y que se rompen por una traición. Hay proyectos que parecían invulnerables y se desintegran por causas muy diversas. La tecnología más sofisticada tampoco es incólume al error. Aquello que podía estropearse, se estropea; aquello que no podía patinar, patina. La promesa de ayer se convierte, al cabo de poco tiempo, en un silencio ensordecedor.

Vivir es romperse y recomponerse de nuevo. Consolar es recoger los pedazos y unirlos con paciencia, uno al lado del otro, con la esperanza de rehacer aquel orden primordial. Cuando hay tantos pedazos, uno tiene la impresión de que no hay manera de recomponer el jarrón. Entonces es cuando es necesario el consuelo, la atenta mirada de alguien que se arrodilla en medio de la sala y recoge pedazo a pedazo para recomponer el jarrón.

Cuando nos rompemos, sentimos una asfixia en el pecho y una infinita tristeza. Nos damos cuenta de que no tenemos control sobre nuestra propia vida ni sobre aquello que nos pasa. Captamos la fragilidad. Entonces irrumpe la necesidad del consuelo. No siempre se manifiesta esta necesidad. Para hacerlo, tiene que romperse el caparazón del ego ha construido lentamente. El ego no soporta el consuelo del otro, porque cree que puede salir adelante él solo. Antes que suplicar ayuda, se arrastra como un gusano.

Pedir consuelo, sin embargo, no es un acto de humillación. **Es un acto humano.** Darlo es una muestra de humanidad, pero el buen consuelo se da de manera discreta, para que la persona rota no tenga la sensación de ser carne de consolación.

El inventario de calamidades humanas es oceánico. La vida las administra aleatoriamente. Toca a quien toca. Nunca se sabe cuándo ni a quién. Nunca se puede anticipar la víctima. La desgracia, para decirlo con Simone Weil, irrumpe y, como la gravedad, empuja hacia abajo. Mientras descendemos a las profundidades, experimentamos la necesidad de volver a flotar, de subir, de nuevo, al plano de la normalidad, un plano, este, muy efímero, repleto de agujeros y ondulaciones.

Aparece el mal y desordena el precario cosmos de la vida cotidiana. Aquello que parecía firme se hace añicos. Es entonces cuando se siente la **necesidad** de ser consolado. Consolar es secar las lágrimas, combatir la soledad del otro, entrar en su abismo por oscuro que sea y encender una cerilla. Es permanecer en silencio con el otro. Es escuchar sus blasfemias y alaridos, sin juzgarlo. Es descender a su infierno, sin miedo, con la confianza de poder ayudar.

A veces, el sufrimiento del otro es tan intenso y sórdido que el consuelo parece una tarea imposible. Entonces se siente la impotencia de consolar y uno se pregunta: ¿quién puede consolar? o ¿qué puede consolar al otro? A veces, las palabras curan, pero otras veces son tan inútiles como gritar en medio del desierto. En estas situaciones no queda más que la **plegaria muda,** que es la más humana de todas.

Consolar es un acto vulnerable. No depende sólo de la buena voluntad. Querer consolar todavía no es consolar. Cuando el pozo es muy profundo y el alma se ha perdido por las entrañas de la tierra, el consuelo se convierte en una tarea titánica.

En el corazón de la consolación, sin embargo, habita la esperanza, también la confianza; *la esperanza en que será posible salir del pozo y ver la luz; la confianza en que no estoy solo ni cuando me siento más solo que nunca.*

EL CORAJE

16

El coraje es la virtud de los héroes. *Es necesario para afrontar las adversidades, pero también para hacer realidad los sueños.* **Las adversidades no se pueden anticipar.** *Vienen y se van. A veces no se van, quedan en medio del camino, se hacen más grandes y más profundas de tal manera que,* **sólo si aumenta la dosis de coraje, se pueden afrontar.**

El coraje a la hora de luchar no es la única manera ni quizá la más importante. Existe el coraje a la hora de afrontar la pobreza, el coraje para afrontar las burlas, para afrontar la hostilidad de la gente, pero por encima de todo esto hay, como dice Bertrand Russell, el coraje de pensar de manera calmada y racional a la hora de afrontar el peligro y de controlar el impulso del miedo o la rabia aterradores.

La adversidad activa la inteligencia y la imaginación, también la agudeza y la sutilidad. Nunca es bienvenida. Es una intrusa díscola y desagradable que llega a la hora menos pensada, un huésped incómodo, pero, una vez metida en casa, activa facultades adormecidas y potencia valores escondidos de nuestro ser.

Las adversidades robustecen el carácter, pero también lo hacen más dúctil, porque, para vencerlas, hay que saber adaptarse y buscar las grietas y desatascarlas para que puedan fluir libremente. **Hay que tener el coraje de soñar.**

Los sueños despiertos, en palabras de Ernst Bloch, son aquellas ideas que revelamos al oído del mejor amigo, mientras paseamos y charlamos distendidamente la tarde del domingo. Se los revelamos porque no nos asusta fracasar. Sabemos que el amigo no nos pasará factura ni nos recordará la cantidad de sueños rotos que guardamos en el desván. Él también nos ha revelado muchos que no ha hecho realidad, pero el vínculo persiste, más allá de los callejones sin salidas y de las bancarrotas.

Es necesario coraje para tener **sueños,** pero todavía más para ponerse manos a la obra y mover cielo y tierra para hacerlos realidad. El sueño es fruto de un acto de conciencia, pero depende de un factor que está fuera del control humano: el tiempo. Todo sueño requiere tiempo y nadie sabe, al empezar, cuánto tiempo dispone para tejer un sueño. No sabe si dispone de mucho o poco, pero, mientras se esfuerza por hacerlo realidad, dota su vida de sentido. No hay vida humana sin sueño. Puede ser pequeño o grande, discreto o ambicioso, pero la vida necesita, como el agua, horizontes.

El coraje es la emoción que nos predispone a plantar cara al combate más difícil: la lucha contra el propio desánimo. El desánimo es una suerte de virus que se cuela por los intersticios del alma y la paraliza. No irrumpe por casualidad. Se da cuando, después de luchar mucho, no se alcanza ningún objetivo. El paso siguiente es el desánimo. El coraje es el antídoto que existe contra este malestar. Ve posibilidades allí donde el desánimo sólo ve limitaciones, no se deja cautivar por su prosa.

La emoción que reivindico es discreta y callada, pero alimenta la vida de miles de seres humanos que afrontan, con coraje, las adversidades que se les presentan en la vida cotidiana. Existe coraje en el ciudadano anónimo que, mientras el mundo se despedaza y las malas noticias perforan su estómago emocional, sigue de pie y trata de seguir con su vida cotidiana sin estridencias, con amabilidad, tratando de hacer agradable la vida a quienes lo rodean.

No me refiero, pues, a los héroes trágicos, a los personajes de Eurípides o de Sófocles. Subrayo el coraje de los héroes y las heroínas que luchan, día a día, anónimamente, para vencer las **contrariedades** con que la vida los acosa.

El coraje de empezar es valioso, pero el verdadero coraje es el de continuar. Continuar cuando todo son obstáculos. Continuar cuando muchos han bajado del carro. Continuar cuando la utopía es mucho más lejana de lo que parecía. Continuar cuando ya no hay recursos.

El coraje es la robustez del alma,
la fuerza que permite levantarse una vez y otra
y no tener miedo a caer de nuevo ni a sufrir.
La cobardía paraliza, contrae, petrifica
el espíritu, mientras que el coraje
lo pone en movimiento.

LA CULPA

17

La culpa es una emoción que quema por dentro. *No es deseada. Nadie quiere hospedarla en su casa y* cada vez que se presenta esta intrusa surge una buena oportunidad para echarla.

No es bienvenida y, no obstante, llega, tarde o temprano, sin consulta, sin ser invitada. A veces, se instala en el momento menos pensado; en otras ocasiones, ya se esperaba su patética presencia, pero aun así nunca es agradable. Es inútil disimularla, es estéril fingir que no está ahí. Cuando hace acto de presencia, se nota, se muestra, se percibe su aliento y cualquier tentativa de evadirla, de arrinconarla en la zona oscura del alma, es en vano, porque al mínimo resquicio de silencio, se vuelve a manifestar.

La culpa nunca es casual. A veces no se conoce su origen. Uno se siente culpable y no sabe por qué. Otras veces, es totalmente gratuita. Hay quien se siente culpable por lo que hicieron sus abuelos, por los crímenes que cometieron en guerras del pasado. Es absurdo, porque la culpa sólo tiene sentido cuando emerge de la conciencia clara de los propios actos.

A veces, no se sabe por qué porosidad ha penetrado la piel del alma, pero cuando se explora atentamente su génesis siempre hay alguna razón que la propicia. Existe la culpa que nace de la transgresión del deber. **Irrumpe** cuando uno se da cuenta de que no ha hecho lo que tenía que hacer, cuando sabe, con conciencia clara, que no ha dicho lo que tenía que decir, o cuando ha pasado de largo, cuando tenía que pararse y responder a la llamada del otro.

La culpa es una pequeña carcoma interior que nos roe y nos recuerda que no actuamos como debemos. Es una voz interior, un punzón que nos aguijonea y que no podemos adormecer con ningún fármaco ni distraer con ningún antídoto artificial.

Nace de un acto de conciencia, de la conciencia del propio actuar, de la meditación crítica del pasado, de la reflexión volcada sobre lo que se ha hecho y se ha dicho o de lo que no se ha hecho y no se ha dicho. Así como la esperanza se proyecta hacia el futuro, la culpa lo hace hacia el pasado.

No tiene sentido experimentar la culpa por algo que todavía no se ha hecho ni se ha dicho. La culpa nace del examen del pasado, siempre tiene una mirada retrospectiva. La solución no radica en no pensar, menos todavía en evitar el examen de uno mismo. Estos atajos sólo terminan generando más culpa y más sufrimiento. El pasado es pétreo, quieto, no puede variar ni transformarse al ser recordado. La memoria no tiene potencia para transfigurarlo, pero el ser humano tiene capacidad para reconocerlo, para valorarlo y para reconciliarse con él.

La redención de la culpa no radica en la evasión, tampoco en la imputación sistemática del mal a los otros. El primer paso para liberarse de la culpa es reconocerla y el paso inmediatamente posterior es el arrepentimiento. Es arduo y difícil arrepentirse, porque hay que vencer la muralla del ego, uno tiene que tener la valentía de reconocer el pasado doloroso, pero sólo la petición de perdón puede hacer posible la redención de la culpa. A veces es tan profunda y penetrante que ni siquiera la concesión del perdón redime de la culpa, porque la vergüenza del propio acto es demasiado grande para que el otro la borre con su **perdón**. Es el infierno en el interior.

Sentirse culpable no es agradable. Experimentar el deber incompleto, la manifiesta incoherencia en la propia piel, no es placentero. Tampoco lo es que nos recuerden que hemos fallado, que hemos obrado indiscretamente, que hemos actuado indignamente. Huimos de la culpa, pero también de quien la causa. No hay paz ni serenidad del alma sin afrontar la culpa con nitidez y transparencia.

Sentirse culpable es, al fin y al cabo, un indicio de sensibilidad. Sólo quien es sensible al mal que ha causado a los otros es capaz de sufrirla. La sensibilidad es la causa de la culpa. La redención no radica en la insensibilidad, menos todavía en el olvido del otro, porque esta forma de vida, en caso de ser posible, sólo conduce a la inhumanidad y a la barbarie.

La curación de la culpa, como de cualquier mal del cuerpo y del alma, radica en la prevención, *en la capacidad de vivir armónica y coherentemente, de vivir fielmente a los propios principios y de actuar con transparencia y veracidad en todo lugar. Quien vive así no tiene que esconderse, no tiene que taparse con hojas de parra, no huye del silencio, no teme el examen de sí mismo, porque siente que vive armónicamente y la vida armónica es la raíz de la felicidad.*

LA DECEPCIÓN

18

La decepción es aquel estado de ánimo que aflora cuando la ilusión se ha hecho pedazos, *cuando los sueños se han roto, cuando las expectativas han resultado fallidas. Es la antítesis de la ilusión; nace de ella y, sin ella, no puede ver la luz.* **Sólo se decepciona quien se ha ilusionado** *y sólo se ilusiona quien engendra, con su imaginación, un futuro distinto.*

La ilusión acelera el corazón y mueve a la acción, la ilusión es el aliento de vivir, el impulso vital. Es la fuerza motriz, la justificación de todo tipo de trabajos y sufrimientos. Por el contrario, **la decepción paraliza y detiene,** despierta el sentimiento destructivo y el deseo de morir.

Cuando la decepción es profunda, cuando se ha dado todo y no se ha conseguido prácticamente nada, uno desearía dejar de vivir, dejar todo e irse de este mundo. Nace un sentimiento de traición, de impotencia, una suerte de desasosiego del alma. Irrumpe cuando el ideal codiciado, la razón de las cuitas y de los trabajos, se manifiesta estéril, completamente fútil. Preñada de rabia, la decepción se puede manifestar en silencio, pero también violentamente, vertiendo este sentimiento destructivo sobre los otros.

La decepción es un deseo frustrado y el deseo siempre causa sufrimiento. Cuando está vivo, todavía tiene la esperaza de hacerse realidad y se impacienta por alcanzar el objeto de deseo y entonces causa sufrimiento, pero cuando el deseo se ha frustrado y el objeto se ha evaporado, causa sufrimiento, porque el espíritu se contraría al ver que no ha alcanzado lo que se proponía. En el milagroso instante en que alcanza el objeto de deseo ve la satisfacción, pero es muy efímera, porque muy pronto irrumpe de nuevo otro deseo y el sufrimiento para alcanzarlo entra en acción.

Desear es sufrir y **vivir es desear**. Al vivir, planificamos, esbozamos proyectos, imaginamos futuros. De jóvenes, creemos que los horizontes son fáciles de alcanzar, pero, a medida que uno se empeña en perseguirlos y se va haciendo mayor, a golpe de realidad, se da cuenta de que la línea del horizonte se retira siempre un paso hacia atrás y uno nunca consigue alcanzarla.

Mientras hay un horizonte, hay deseo, hay movimiento, hay vida y, mientras hay vida, hay movimiento, narración, motivos para esforzarse y para luchar. En el decurso de la vida irrumpe la decepción, porque el principio de realidad se impone y esto nos conduce a reinventarnos de nuevo y esbozar nuevos sueños con la esperanza de hacerlos realidad. Una vez y otra, Sísifo vuelve a subir la roca a lo alto de la cumbre con la esperanza de lograr su misión.

Sólo puede decepcionarse quien ha creído en algo. Mientras hay fe, hay ilusión y, mientras hay ilusión, hay lucha. Cuando la decepción es total, ya no queda nada por qué luchar. Este estado conduce al cinismo y el cinismo es la **amargura** del alma.

Existe una gama muy diversa de decepciones. Hay quien se decepciona a sí mismo, porque comprueba que no ha sido capaz de hacer aquello que se proponía y sabe que no puede imputar la razón a los otros, tampoco a las circunstancias. Sabe que la única razón es él, su holgazanería y su pereza.

Hay quien se decepciona de los otros. Esperaba de ellos confianza y generosidad, esperaba apoyo y consuelo, esperaba amor incondicional y se ha encontrado con que nada de lo que esperaba se ha hecho realidad. La amargura lo inunda.

Hay quien se decepciona con el trabajo. Había empezado con ilusión, se había entregado a fondo, confiaba en progresar y hacerse un espacio propio, pero ha chocado con centenares de obstáculos y se ha ido encogiendo como un caracol cuando se esconde dentro de su concha.

Hay quien se decepciona de la vida. Esperaba que siempre fuera primavera y se da cuenta de que hay inviernos muy largos. Esperaba que este mundo tuviera lógica y sentido, pero experimenta que la suerte y la desdicha no conocen ninguna lógica ni racionalidad alguna.

Hay quien se decepciona con Dios, porque le ha rezado insistentemente y, con el corazón en la mano, le suplica que sus sueños se hagan realidad, anhela una respuesta, un consuelo, como Job, pero se siente abandonado, como el Jesús en el Gólgota.

La decepción es una fase inevitable en el proceso de madurez personal. **No se puede crecer sin decepcionarse.**

EL DESEO

19

El deseo es hijo de la ausencia, también de la carencia. *Contiene el nervio de la esperanza. Es la sal de al vida,* **porque vivir es desear y desear es moverse, esperar y luchar.**

El deseo es la esencia de la condición humana. Todos deseamos, aunque no deseemos lo mismo. Tampoco deseamos con la misma intensidad. Hay deseos que no dejan vivir, porque se viven con tanto ardor que queman por dentro y aceleran el anhelo de hacerlo realidad, de manera que la lentitud se hace intolerable. Hay deseos que son latentes, que no se sienten con gravedad. Fluyen subterráneamente dentro del alma y se viven indoloramente.

Nada consigue saciar el deseo humano. Ningún objeto, ninguna posesión, por bella que sea, puede, verdaderamente, satisfacer el deseo. **El corazón humano es inquieto y nada lo aquieta.** Somos deseo y nuestro destino es desear. El deseo, como dice Ernst Bloch, permanece deseo. La satisfacción de un deseo puntual no anula el deseo esencial. Sencillamente lo alimenta y lo conduce a nuevos horizontes siempre más grandes, siempre más lejanos.

Hay deseos que envejecen con el paso del tiempo, pero hay deseos que se fortalecen y se hacen más fuertes y punzantes. Mientras hay vida, hay deseo. A veces, el deseo es consciente; a veces, inconsciente. Se puede manifestar explícitamente o puede quedarse escondido en el pozo de la subjetividad, pero eso no anula su ser.

El deseo no es algo físico, no es una propiedad ni un atributo. Es una tendencia, un orientarse hacia aquello que se desea. Tampoco es una característica del cuerpo ni un rasgo del alma. En sentido estricto, no tenemos deseos sino que somos deseos, porque los sufrimos, los sentimos, forman parte de nuestra naturaleza y difícilmente podemos quitárnoslos de encima.

El deseo es la constatación de un **vacío,** la conciencia del hecho de que falta alguna cosa y, a veces, esta conciencia es causa de sufrimiento, pero también motor de innovación, de cambio y de progreso. Saber que hay carencia engendra la lucidez y también activa la inteligencia y la imaginación para poder ponerle remedio. Sólo puede mejorar quien tiene conciencia de lo que le falta y busca, con todas sus fuerzas, hacerse con el objeto del deseo.

Deseamos lo que no poseemos. *Deseamos lo que está ausente, pero lo deseamos porque de alguna manera hemos disfrutado su presencia y el vestigio de esta presencia en el ámbito interno es el motor del deseo.* **El deseo humano nunca se llena.** *Permanece deseo. Ahora y siempre. El corazón siempre quiere más, porque está hecho para aquello más grande, tan grande que no cabe dentro de él.*

Hay deseos de distinta naturaleza, pero todos son pequeñas expresiones del único Deseo que une a todos los corazones: el deseo de ser feliz. El deseo nos pone en camino hacia aquello que desconocemos. Me abre a los otros. No puedo satisfacerlo con mis propios recursos, por eso busco en los otros la plenitud del deseo. El deseo es búsqueda, **fuente de sufrimiento.**

Es la raíz del sufrimiento. La sentencia de la Segunda Gran Noble Verdad del Discurso de Benarés de Siddharta Gautama es clara, nítida, diáfana. No hace falta hacer un acto de fe para creer en ella. Basta con haber vivido para constatar esta verdad. Mientras hay sed, hay sufrimiento. Mientras hay deseo, hay sufrimiento.

La solución no radica, sin embargo, en negarlo, tampoco en disimularlo. Radica en identificarlo, en vivir desenvuelto, sin sucumbir a su vasallaje, pero lo más básico es orientarlo hacia a lo bello, hacia lo verdadero y bueno, de manera que la energía del deseo sea fuente de bondad para uno mismo y para los otros.

LA DESESPERACIÓN

20

La desesperación es, en palabras de Søren Kierkegaard, la negación de toda posibilidad. **Mientras hay posibilidad, hay vida, hay motivos para la esperanza.** *Si hay posibilidad, hay razones objetivas para creer, aunque la posibilidad sea muy pequeña, queda un hilo de confianza y este hilo es suficiente para seguir viviendo.*

El drama es cuando ya no se ve ni se percibe la más mínima posibilidad. Entonces, el deseo se frustra, toda esperanza es en vano y nace una sensación de asfixia en el pecho, porque verdaderamente es como si faltara el aire, como si todas las puertas y ventanas se cerraran de golpe y el oxígeno que alimenta el alma se fuera consumiendo hasta hacerse el vacío.

En la exploración de esta emoción tan dolorosa, hay que diferenciar entre la imposibilidad real y la percepción subjetiva de la imposibilidad. Una cosa es que verdaderamente no haya ninguna posibilidad de hacer nada y otra muy distinta es la percepción de que no hay ninguna posibilidad.

En el primer caso, la desesperación tiene un fundamente sólido, porque las cosas no pueden dejar de ser como son, pero, en el segundo caso, nace de una percepción subjetiva, de una mirada y, en ese caso, no es necesariamente así. La misma realidad, vista por personas distintas, puede ser argumento para la desesperación, pero también puede dar signos de esperanza.

Hay quien ve signos de esperanza allí donde los otros sólo saben leer presagios de naufragio. Hay, al mismo tiempo, movimientos imposibles. Hay que asumirlos, aceptarlos, digerirlos emocionalmente y reconciliarse con ellos. Es imposible, por ejemplo, cambiar el pasado. Aunque uno se empeñe, no puede modificar su infancia ni su juventud. El pasado es pétreo. Lo puede negar, dulcificar, lo puede odiar, puede reconciliarse con él e incluso amarlo, pero no puede cambiarlo. Es imposible modificarlo.

En la vida humana hay un gran número de situaciones que se mueven en el territorio de la duda, situaciones que, según la mirada que se proyecta en ellas, pueden generar el sentimiento de desesperación, pero también dar aire a una frágil **esperanza**.

Imaginemos un caso. Un hijo no consigue salir adelante. Repite por segunda vez el mismo curso. Los profesores se sienten impotentes. El tutor ya no sabe qué estrategia utilizar para motivarlo. Los padres están desesperados porque creen que no hay nada que hacer, que todo está perdido, que no hay ningún indicio de esperanza donde aferrarse.Pese a ello, un profesor del claustro sigue viendo posibilidades, pero cree que hay que cambiar radicalmente el modo de proceder con él, que hay que tratarlo de otra manera y hacer nacer las capacidades que el chico posee. Son miradas distintas sobre una misma realidad, pero tienen consecuencias decisivas en la vida del niño. Del *no hay nada que hacer* al *todo está por hacer*, el cambio es sustancial.

Cuando irrumpe la desesperación, uno tiene la impresión de que no hay esperanza. En efecto, no se entrevé ninguna posibilidad. **Todo está oscuro**. Ha caído dentro de un pozo y no ve manera de salir de él. No hay nadie para ayudar. No hay nadie para escuchar las súplicas.

La desesperación es el cansancio de esperar, el cansancio de gritar y de luchar. Entonces sólo queda el vacío, porque la facultad de desear se ha apagado. En el grito todavía hay una esperanza: la de ser escuchado. En el renegar, todavía hay un vestigio de confianza: la de ser atendido, la de captar la atención de alguien, aunque sea de un desconocido.

El desesperado calla. ¿Por qué tendría que gritar? El desesperado está quieto. ¿Por qué tendría que moverse? El desesperado no escribe. ¿Por qué tendría que narrar sus sufrimientos? ¿Acaso alguien los leerá? En el acto de gritar, de moverse, de blasfemar o de escribir hay una brizna de esperanza, por tenue que sea, la esperanza en que aquel gesto servirá para alguna cosa, aunque sólo sea para aligerar el propio sufrimiento.

El único antídoto contra la desesperación es la esperanza *y la esperanza no se basa sólo en el cálculo de probabilidades. Es confiar en que lo que se percibe como un imposible puede hacerse posible.* **A esto se le llama soñar.**

LA EMPATÍA

21

La empatía es sentir lo que otro siente.

Es la unidad emocional, la fusión íntima del tú y del yo, una fusión que trasciende la aparente dualidad física que los separa.

Ser empático con otro es sentir lo que el otro siente, sentirlo tan intensamente que el otro y yo nos convertimos en una única realidad, hasta tal punto que su sufrimiento es el mío y su alegría es la mía, porque en el instante empático ya no hay ni *tuyo* ni *mío* sino una unidad indiferenciada de sufrimientos y de alegrías.

Cuando la empatía es empatía completa, dice Edith Stein, no hay ninguna distinción entre el tú y el yo: **ambos son uno solo.** Es como bailar fundidos en un solo cuerpo. En el momento de la empatía, caen los límites que separan el tú del yo aunque no se desdibujen los cuerpos. Dos almas se convierten en una sola y el flujo de sentimientos y de pensamientos circula indistintamente de un cuerpo al otro.

Siento mi alegría y experimento la alegría del otro y compruebo que es la misma. La empatía es la participación interior en la vivencia del otro. Esta participación consiste en formar parte de su vida, en ser parte de lo que siente y le pasa. Es, por tanto, la emoción opuesta a la indiferencia y, todavía más, a la impasibilidad.

Precisamente porque es participar en la vivencia del otro, la empatía nos hace **vulnerables** a su sufrimiento. Ser empático es estar dispuesto a sufrir con el otro, a sentir lo que siente, sin preguntarse qué siente. En cambio la indiferencia es, con mucha frecuencia, un escudo protector, un mecanismo de defensa ante el sufrimiento del mundo.

Esta participación de vivencias, sin embargo, sólo es posible si presta atención al lenguaje verbal y gestual del otro. La atención es un ejercicio mental y perceptivo, es dejar todo al margen para centrarse en el otro, en sus movimientos y en sus gestos, en el tono de su voz, en su olor, en su postura, en sus palabras y en todos los pequeños rituales de su puesta en escena.

La mirada atenta es el respeto activo, pero también la **presencia** plena. Es el movimiento contrario a la dispersión y a la distracción. La atención, sin embargo, siempre pide la concentración en un punto, la meticulosa observación que convierte a aquello que lo rodea en envoltura, en telón de fondo.

Es un entrenamiento que requiere esfuerzo, pero que da frutos. Mirar atentamente a los otros y el mundo que nos rodea es vivir intensamente cada acto que tiene lugar en él, es disfrutar intensamente de cada hecho que acontece. Ser empático, sin embargo, no es hacer el papel de espectador. Es entrar en el escenario, hacerse uno con el actor, sentir lo que él siente, olvidarse de sus propias vivencias o, al menos, ponerlas entre paréntesis, para vivir las vivencias del otro.

La mirada atenta es el punto de partida de la empatía. La empatía no es una percepción externa, como el frío, el calor o un aguijonazo en la piel, sino una vivencia interior que parte de una observación externa. Los sentidos son el motor que activa la empatía.

Edith Stein pone el siguiente ejemplo para ilustrar lo que es empatía: «Un amigo viene hacia mí y me explica que ha perdido un hermano y yo noto su dolor. El dolor no es un objeto ni una cosa, es un estado de ánimo. Noto su sufrimiento tal vez a causa de su cara pálida y asustada, o bien por su voz afónica y atragantada, o bien por su gestualidad. Todo ello son indicadores que rebelan el dolor que está sufriendo. Al observarlo atentamente, siento su sufrimiento dentro de mí».

Este sentir dentro el pathos *del otro es la empatía.*
Esta emoción nos hace más humanos.

EL ENAMORAMIENTO

22

José Ortega y Gasset define el enamoramiento como un estado de imbecilidad transitoria. *El enamorado, ciertamente, vive en una nube. Tiene la percepción de que todo es posible. Cree participar de la vida de los dioses. Se siente poderoso, capaz de todo, movido por una fuerza que no le pertenece, pero que cruza todo su ser.* **Es una energía vital impetuosa.**

El enamoramiento **es una de las emociones más bellas** que un ser humano puede experimentar a lo largo del curso de la vida. No la puede vender ni la puede comprar. Ésa es su grandeza. No hay ningún fármaco ni mecanismo tecnológico alguno que suscite la experiencia del enamoramiento.

Cuando aparece, todo cambia de forma y de color, porque el enamoramiento cambia la mirada de la persona que lo vive y, por tanto, su percepción de la realidad. La ciudad de siempre se convierte en otra ciudad y el barrio de toda la vida cambia de color. Todo es luz, primavera; todo es inicio, **anuncio de felicidad**.

Sería triste morir, irse de este mundo, sin haber experimentado este estado de ánimo que altera la totalidad de la persona: su cuerpo, su vida mental y social, sus convicciones personales, en definitiva, su modo de estar en el mundo. Platón lo compara con un secuestro; otros, con una especie de alineación. El alma del enamorado está fuera de sí, pone el centro de gravedad de su vida *en* el otro y vive *en* el otro y *para* el otro. No puede contener este descentramiento. Pierde la concentración, el dominio y la soberanía sobre el propio acto de pensar. El pensamiento fluye hacia la amada y todo lo que ve le evoca su presencia. El enamoramiento activa el corazón, da empuje para afrontar cualquier adversidad.

No es un acto libre. Nadie decide enamorarse en un momento dado.

Nadie puede garantizar que no se vuelva a enamorar. El enamoramiento llega, va, se hospeda en el alma y lo desordena todo. Altera el pequeño cosmos de la vida cotidiana, convierte todo en un caos y pone en evidencia la frágil constitución humana.

Como pasión ambigua, causa sufrimiento, pero, a la vez, una infinita alegría. Existe el sufrimiento de no ser correspondido, el sufrimiento de no gustar, pero también la alegría del encuentro, la fascinación que causa la presencia del otro. Es un estado transitorio, un intruso que entra en el alma sin haber pedido permiso y que se va sin esperarlo. **Tiene fecha de caducidad**. De él puede nacer el amor, pero no necesariamente. La secuencia de las emociones no obedece a una lógica preestablecida. El amor es independiente del enamoramiento y lo trasciende.

El enamoramiento crea ilusión, pero también debilita el juicio racional y crítico, de manera que la persona enamorada mitifica e idealiza fácilmente su referente. Esto la inhabilita para tomar decisiones fundamentales que pueden determinar el curso de su vida. El enamoramiento es turbación del cuerpo y del alma y, en épocas de turbación, es preferible no tomar decisiones. Hay que esperar y deliberar detenidamente. Parece más sensato contrastar, dejar que las aguas vuelvan a su cauce y ponderar, con razones, lo que más conviene.

EL ENTUSIASMO

23

El entusiasmo es vida, amor, audacia, talento; *el entusiasmo es, en dos palabras, potencia creadora. Es toda alma que se manifiesta abrasada de ideal de manera que trasciende los límites de la racionalidad. Da alas, crea la impresión de que todo es posible, de que no hay límites, de que cualquier sueño es asequible y, por eso,* **mueve a la acción, al compromiso, a la transformación.**

Después, al cabo de un tiempo de trabajar duro, se convierte en el principio de realidad que frena el empuje inicial y coloca cada cosa en su sitio, pero el entusiasmo es el impulso de los comienzos, aquel punto de locura necesario para empezar algo cuando el grado de incertidumbre es muy elevado.

En tanto que pasión, el entusiasmo es la antítesis de la frialdad irónica; el polo opuesto al derrotismo, el preludio de la victoria. Gracias a él, el alma se mantiene incorruptible, sana, a punto de luchar y de vencer las carcomas de la inercia y de la cobardía.

Cuando se siente entusiasmo, la vida se vive doblemente, porque la voluntad de vivir, por utilizar la expresión de Arthur Schopenhauer, se siente, con toda su potencia. **El entusiasmo quiere más vida,** más tiempo, más espacio, porque no tiene suficientes días ni suficientes horas para hacer realidad lo que desea. Todo le queda pequeño. Necesita campo para correr.

Necesitamos entusiasmo a grandes dosis para vencer el clima de derrota emocional que genera la crisis, para reactivarnos de nuevo y recuperar la confianza en nuestras capacidades y en nuestro potencial. Necesitamos recuperar el entusiasmo en los ideales nobles, porque sólo quien tiene ideales elevados es capaz de vencer obstáculos y **adversidades** de cualquier orden, mientras que quien vive de la inercia, cuando se encuentra con un obstáculo en medio del camino, se detiene.

El ser humano que ha ligado toda su voluntad a la idea de su misión, como alrededor de un eje de fuerzas, no puede sustraerse de ella sin sentir la inquietud de un desorden, sin temer un desastre. En una conciencia muy afinada, la mera noción del desvío provoca una reacción defensiva, crea una antinoción clara, como una voz que reta o detiene.

El entusiasmo es entrega de todo el ser a alguna cosa, renuncia al ego, dedicación a algo que lo trasciende y al que se dedica con todas sus fuerzas, con todo su talento.

Cuando las personas, hagan lo que hagan, se dejan llevar por el entusiasmo, el fruto de su trabajo es más intenso, más admirable, más digno. Son necesarios competencia, pericia, dedicación y, sobre todo, trabajo, pero cuando uno siente el entusiasmo dentro de sí, busca todos los momentos para dedicarse al objeto de su pasión y no cuenta las horas ni los días, porque aquello es *su* vida.

El artista, abrasado en el momento de la concepción de su obra y que se deja arrastrar por su fuerza impetuosa en las horas que siguen a la ejecución, se vuelca en su objeto, de manera que aquella obra vive tanto como el alma de su autor. Está entusiasmado.

El entusiasmo no se vende ni se compra. Nace de las profundidades. Nadie conoce la fórmula ni el modo de suscitarlo o transmitirlo. Los hombres entusiastas son envidiados, porque son portadores de una fuerza que los hace capaces de afrontar todo tipo de retos.

Las grandes obras, tangibles e intangibles, las han hecho hombres y mujeres entusiastas, enteramente entregados a la causa. *Es, pues, la emoción esencial e indispensable para llevar a cabo cualquier obra, sea individual o colectiva.*

LA ENVIDIA

24

La envidia es una de las pasiones más dolorosas que puede experimentar un ser humano. *La experimenta el niño, en el patio de la escuela, cuando ve que un compañero de clase obtiene mejores resultados que él sin hacer ni la mitad de esfuerzo. La siente el adulto cuando ve que un compañero de trabajo es promocionado en el trabajo pensando que él tiene más méritos profesionales. La experimenta el anciano cuando compara su frágil salud con la firmeza y robustez de su vecino, diez años más viejo que él y, no obstante, ágil como un pipiolo.*

La envidia nace de un **agravio comparativo,** de la maníaca obsesión por comparar lo que uno tiene con lo que los otros poseen, lo que uno sabe con lo que los otros saben, lo que uno es con lo que los otros son. De la práctica comparativa nace esta enfermedad del alma que conduce al ser humano a zonas muy sombrías, a estados de ánimo muy decadentes. Es una forma de sufrimiento intangible que puede ser mucho más dolorosa que los sufrimientos de la carne.

La solución sería no comparar, limitarse a reconocer el valor del otro y su riqueza material e inmaterial, limitarse a trabajar los propios dones sin caer en el agravio comparativo, pero vivimos en sociedad y establecemos todo tipo de comparaciones, tanto físicas como espirituales y, además, juicios de valor. Si alguien es mejor, fácilmente nace la envidia, mientras que si es peor, puede nacer lo que Alfred Adler llama un instinto de **superioridad** que causa complacencia.

El ego vive de las comparaciones, las necesita para medirse, estimularse y reconocerse. Su finalidad es ser más que el otro, poder dar vida al instinto de la superioridad. Necesita a los otros para poder mostrar que él es más y, cuando detecta lo contrario, se enfurece y le vence la rabia, en lugar de reconocer y admirar los dones de los otros. La libertad radica, precisamente, en liberarse de esta manía de comparar, en querer ser uno mismo y luchar para serlo, independientemente de aquello que los otros son o esperan ser.

La envidia es un deseo que nace del ego, de un ego herido, porque aquello que quiere para él no le es dado a él sino a otro. Se opone radicalmente a la resignación, al espíritu de aceptación. El ego quiere lo que tiene el otro y lo quiere, justamente, porque lo tiene. No importa qué. Cuando lo haya hecho suyo, sin embargo, sentirá el deseo de poseer otro bien, cualquiera que todavía no posea. Su carrera no tiene fin, porque siempre se compara allí donde va y siempre encuentra a alguien que tiene una calidad o posee un valor que él no tiene y esto le duele.

Este deseo frustrado se convierte en una forma de odio y de hostilidad hacia el otro que puede conducir, si no es debidamente canalizado, a herir al otro, incluso a destruirlo.

El miedo no es la única fuente de hostilidad; la envidia y la decepción también. La envidia de los mutilados y jorobados es, según Bertrand Russell, proverbial, como fuente de malignidad, pero otras desgracias producen resultados parecidos. Los celos, como veremos, son una forma especial de envidia (la del amor).

La envidia es una fuerza motriz. Mueve el cuerpo, pero también el habla. El envidioso realiza todo tipo de acciones para alcanzar lo que tiene el otro; el uso que hace del lenguaje lo traiciona constantemente, porque, a cada oportunidad, se pone en evidencia reivindicando aquello que supuestamente le toca a él, pero se ha quedado otro. Mientras habla, hiere, porque él mismo está herido y este dolor mal digerido lo conduce a difamar al otro, a minimizar su relevancia.

La peor forma de envidia que se puede sufrir es la envidia del ser. Se puede envidiar la fortuna del otro, su salud, sus títulos, incluso su patrimonio, pero envidiar el ser de otro es todavía más destructivo. La envidia, en cualquiera de sus formas, es tóxica y perjudicial para el ser humano, pero la envidia de la naturaleza del otro, aquello que es, de su esencia, es la más perjudicial de todas, porque conduce a querer imitar al otro, a negar el propio yo y los propios dones para convertirse en una mala imitación del otro.

No hay manera alguna de tratar la envidia como no sea intentando que las vidas de los envidiosos sean más felices y más plenas y educar a la juventud en la idea de las iniciativas colectivas en lugar de hacerlo en la competición. Las peores formas de envidia, según Bertrand Russell, se encuentran en aquellos que no han tenido una vida plena respecto al matrimonio, a los hijos o a la profesión.

La verdadera alquimia que salva el alma de la envidia es la transformación de este sentimiento destructivo en admiración, *en reconocimiento del otro y sus cualidades.*

LA EUFORIA

25

La euforia es puntual. *Es una sacudida del alma, un instante de máxima efusión. Llega y se va, pero cuando llega, se experimenta, con goce, el hecho de estar vivo. Altera profundamente la visión del mundo y de los otros y necesita comunicarse, ya que no puede quedar presa en la celda de la individualidad. Irradia un campo magnético que afecta a los otros. Como la alegría y la risa, se contagia. No es el entusiasmo, pero tiene profundas afinidades con él.* **El entusiasmo viene de dentro, es una fuerza interior, mientras que la euforia viene de fuera, es causada por un estímulo externo.**

La euforia anhela la **fiesta** y la fiesta exige, necesariamente, al otro, el abrazo, la música y la danza. Es, para decirlo con Friedrich Nietzsche, dejarse ir por la parte dionisíaca que todos tenemos. La fiesta es higiénica y saludable para el cuerpo social, es la diástole necesaria, la distensión que necesitamos para mantener la tensión de la actividad diaria. La fiesta nace de la euforia y, como tal, es siempre comunidad y comunicación. Es una **emoción liberadora**, porque mientras la euforia se siente intensamente, se desordena el pequeño orden cotidiano y los roles y las funciones fijadas se difuminan. Parece que todo sea posible y que todo esté permitido.

No es bueno tomar decisiones en momentos de euforia, como tampoco en tiempos de turbación, porque este estado de ánimo altera profundamente el juicio crítico y analítico y esto hace difícil el discernimiento ponderado y racional. La euforia, como el enamoramiento, crea la sensación de que todo es posible, de que todo es llano, de que no hay límites. Carece del principio de realidad. El yo se eleva hasta las nubes, olvida la gravedad que lo mantiene pegado al suelo.

No es un sentimiento que se pueda anticipar. Aparece. **Nadie puede predecir cuándo estará eufórico.** Tiene causas que, sin embargo, hay que explorar y conocer. Es anómalo sentir euforia gratuitamente, incluso eso puede llegar a ser patológico, pero también sería muy lamentable no haber experimentado nunca esta emoción a lo largo de una vida.

La euforia obedece a una conquista personal, es aquel estado de ánimo que se siente cuando el sueño ha sido conquistado. Tiene que ser un sueño difícil para que estalle la euforia. Si era previsible vencer las adversidades, si ya estaba cantado de entrada, no irrumpe la euforia, pero cuando existían muy pocas probabilidades, cuando era incierto que se hiciera realidad, el hecho de vencer las adversidades y conquistar el sueño suscita una euforia que estalla dentro del corazón.

El equipo pequeño ha vencido al equipo grande. Nadie lo esperaba. Nadie recuerda una victoria semejante. El pueblo está feliz. La gente sale a la calle, se abraza, lo celebra. El vino corre. Todo es luz, jolgorio, se vive un instante de eternidad colectiva. A la mañana siguiente, habrá que ir a trabajar y afrontar, de nuevo, los áridos problemas de la vida cotidiana, pero se ha abierto un paréntesis luminoso en la vida del pueblo. Cuando el equipo grande gana al pequeño, se experimenta satisfacción, pero no euforia, porque la euforia requiere mucha incertidumbre y poca probabilidad. Esta emoción que tonifica y alegra los días de la vida actúa como **revulsivo** y se opone a sentimientos tan negativos como la tristeza, la decepción o el vacío.

La euforia nace, también, de una buena noticia o, mejor dicho, de una noticia excepcional, que está fuera de lo que habíamos imaginado. La mala noticia es un dardo en la piel, mientras que la buena noticia, cuando llega, muestra el carácter sorprendente que ofrece la vida.

En la lotería de Navidad vemos, año tras año, manifestaciones de euforia en medio de la calle. Los que han comprado el número premiado sienten euforia, porque era muy poco probable que les tocara. Había una mínima esperanza, pero les ha tocado y la alegría se desborda. Cava en la calle y griterío.

La euforia es un estallido de pasión,
un instante dulce en el camino de la vida.

LA FATIGA

26

La fatiga es una sensación, pero también una emoción. *Es una expresión de la vulnerabilidad humana. Cada ser humano tiene su umbral de resistencia y su tolerancia al esfuerzo, pero la fatiga es un fenómeno universal. Todos nos fatigamos en un momento dado y sentimos la necesidad de detenernos, de descansar, de beber agua, de alimentarnos y proseguir la ruta.*

Existe la **fatiga del cuerpo.** Irrumpe después de un intenso y extenso ejercicio. El cuerpo grita, reclama descanso, pero con mucha frecuencia no se lo escucha y se lo somete a una disciplina de esclavo. Al fin, el cuerpo se fatiga y pesa como una losa, pierde su agilidad y dinamismo y busca desesperadamente un lugar donde reposar.

La fatiga corporal es una lección que, bien digerida, se convierte en un aprendizaje de futuro. Cuando se ha vivido intensamente, se toma nota y queda fijada en la memoria. El mejor antídoto contra este tipo de fatiga es alimentar bien el cuerpo para que tenga la suficiente energía para desarrollar el ejercicio que se le propone; secuenciar el esfuerzo con paréntesis de descanso, para que recupere el aliento y encuentre la medida justa y, posteriormente, ofrecerle un buen descanso para garantizar su plena recuperación.

La fatiga corporal es consecuencia de un exceso, una señal que revela haber transgredido una frontera. Bien digerida, se convierte en un elemento clave para el autoconocimiento. Por ensayo y por error, uno va conociendo su propio cuerpo, sus posibilidades y limitaciones, de manera que si está atento a las señales que emite, comprende qué tipos de ejercicios es capaz de tolerar y cuáles están por encima de sus límites.

Con todo, el cuerpo, debidamente entrenado y disciplinadamente educado, es capaz de superar sus límites naturales y de transgredir las fronteras de su propio rendimiento, pero, como toda realidad humana, es frágil y, por consiguiente, hay que quererlo, cuidarlo y aprender de los episodios pasados.

Existe una **fatiga mental.** También es consecuencia del exceso, de la desmedida. Cuando se somete la mente a una permanente concentración, a una actividad laboral intensa y extensa que requiere mucha atención y precisión, irrumpe la fatiga mental y, como consecuencia de ella, la posibilidad de error es mucho mayor. La fatiga mental es una suerte de colapso, de saturación, de manera que la mente ya no procesa más, deviene incapaz de distinguir, ordenar, separar y analizar, y la consecuencia final es el error.

Con mucha frecuencia es consecuencia de una autoexigencia tan elevada que no calcula los límites; otras veces es fruto de una presión laboral tan intensa que convierte al trabajador en un esclavo de su actividad. El mejor antídoto contra esta fatiga es practicar el ocio mental, distraer la mente, que se disperse, que mariposee de un objeto a otro, de manera diletante sin otro fin que la libre divagación. Abrir paréntesis de distensión mental es el mejor modo para recuperar la energía mental, la capacidad de concentración y de análisis.

Existe una última forma de fatiga: la **fatiga vital,** que se traduce en una suerte de desgana, de cansancio existencial. Conduce a la parálisis, a la quietud, a no hacer nada, a no decir nada, porque todo se percibe inútil y estéril.

La fatiga de vivir se produce cuando no hay ilusión ni horizonte por el que luchar. Es la pereza existencial, una especie de acidia. La vida se convierte en un círculo mecánico y monótono, una carrera de obstáculos, un cúmulo de necesidades que tienen que resolverse, una maldición que se repite hasta la náusea, casi una fatalidad.

Lo mejor contra la fatiga vital es recuperar el anhelo de vivir *y este anhelo sólo renace cuando uno es capaz de reinventarse y de encontrar un sentido por el que valga la pena luchar, esforzarse, vivir y morir.*

LA FORTALEZA

27

La fortaleza se opone, por definición, a la fatiga. *Sentirse fuerte es sentirse con energía para afrontar cualquier tipo de adversidad, es una pasión que predispone a la lucha, a afrontar situaciones nuevas, a encarar retos difíciles.*

Los pensadores griegos atribuyen este valor a los héroes, a los guerreros que se enfrentan al destino, incluso sabiendo, con anticipación, que tienen muy pocas posibilidades de vencerlo. Es una virtud cardinal junto con la prudencia, la justicia y la templanza. Sentir fortaleza es sentir una mezcla de seguridad e intrepidez, pero, también, una buena dosis de confianza en uno mismo. Sin esta confianza es imposible emprender nada.

No es un concepto físico sino una **noción moral y emocional.** La fortaleza a la cual hacemos referencia aquí no depende de los músculos ni de la fuerza de los bíceps, tampoco de la resistencia de los tendones, no se puede cuantificar con una escala. Es una energía interior, una pasión que se abre camino y persiste incluso cuando hay mucha maleza en medio del camino. Tampoco depende del estado ni del sexo, de la altura o del color de la piel.

La fortaleza es una **coraza** invisible que cubre al alma y le ofrece protección para afrontar lo que es difícil. No debe confundirse con la temeridad, porque la persona fuerte conoce los peligros y medita, con prudencia, lo que se debe hacer, pero tiene la sensación que puede hacerlo, que tiene energía para salir adelante.

Sentirse fuerte es una actitud mental, una predisposición de carácter subjetivo, pero del todo necesaria para afrontar las dificultades del vivir. Sentirse fuerte no significa serlo, pero en la medida en que una persona cree que lo es, que puede hacer lo que se propone, que tiene capacidad de hacer realidad sus sueños, ya se pone en camino y llega más lejos que si no se lo propone. Lo que hace cambiar el mundo no son las buenas y bellas palabras sino las acciones y toda acción se pone en movimiento cuando hay fortaleza y esperanza.

La fortaleza se demuestra ante las **adversidades.** No podemos afirmar que alguien es fuerte hasta que no le ocurra alguna calamidad. Las apariencias también engañan en este campo y, con mucha frecuencia, quien parece fuerte se deshace ante la primera contrariedad, mientras que quien tenía una apariencia frágil sabe encajar la situación.

La adversidad es aquello que irrumpe en medio del camino de la vida y que obstruye el paso. Obliga a hacer eses, exige saltar un obstáculo, **para que el fluir de la vida no se detenga.**

Cuando el transcurso de la vida todo ocurre como teníamos previsto, cuando todo sigue el curso que habíamos anticipado mentalmente, no es necesario ser fuerte, pero cuando irrumpe la desgracia, la desdicha, cuando el azar trastoca los planes que habíamos trazado, hay que ser fuerte para tomar el timón del barco y no hundirse.

La fortaleza es una excelencia de carácter que no puede confundirse con la dureza de corazón, tampoco con el orgullo.
Ser fuerte es tener valor, valentía para afrontar situaciones cargadas de incertidumbres y de variables desconocidas que no se controlan. Es volver a levantarse después de caer, incluso cuando hay muchas posibilidades de caer de nuevo.
En contextos de crisis, la fortaleza es la emoción más poderosa, la virtud más necesaria.

LA FRUSTRACIÓN

28

La frustración es el sentimiento que se experimenta cuando uno se ve privado de una satisfacción *que cree que le corresponde y se siente defraudado en sus esperanzas.*

Sólo se puede frustrar quien tiene ilusiones, quien construye proyectos y se esfuerza por convertirlos en realidad. La frustración es siempre una posibilidad latente, un riesgo que se debe correr cuando se emprende un proyecto. Hay que contar con ella, anticipar esta posibilidad, familiarizarse con ella.

Con mucha frecuencia, el miedo a la frustración conduce a la inacción, a no emprender nada, a la **parálisis**. Frustrarse forma parte de la vida, es inherente al proceso de madurez humana, es consecuencia del choque entre el ideal y la realidad, entre el mundo imaginado y el mundo real, entre aquello que aspiramos a ser y lo que realmente acabamos siendo.

Cuando la frustración hace acto de presencia en el alma, un mundo parece desintegrarse, una losa muy pesada parece caer sobre el cuerpo y aplastarlo. La frustración es un sentimiento, pero también afecta al cuerpo y a la vida social y espiritual. Es un sentimiento de estafa, de haber dedicado mucho tiempo y muchos esfuerzos en vano, de haber **malgastado las energías.** Un fruto de la frustración es la amargura, el espíritu cáustico y destructivo. El otro fruto es el resentimiento contra el mundo, pero especialmente contra los que triunfan y hacen realidad sus sueños.

Ambos frutos son igualmente amargos. La mejor actitud frente a la frustración consiste en liberarla, en revelarla al círculo de confidentes, en sacarla a la superficie, porque así no queda dentro del corazón y no termina amargando todo. Una vez liberado todo el dolor inherente a la frustración, hay que darse tiempo para analizar las causas del fracaso, el desajuste entre el deseo y la realidad, entre el ideal y el mundo real, entre el proyecto y los recursos. Este análisis racional, bien ejecutado, permite descubrir las razones del fracaso, digerirlos emocional y mentalmente y, a la vez, es una fuente de aprendizaje para emprender nuevos proyectos, nuevos retos y nuevos horizontes.

Vivir es asumir riesgos, exponerse al error, al fracaso, darse a sí mismo la posibilidad de vivir la frustración. Quien nada emprende, no puede frustrarse. **Quien nada empieza, no puede fracasar.** *Pero, ¿qué vida queda cuando no se empieza nada, cuando no se emprende nada?*

La individualidad siente el deseo de proyectarse, de manifestarse, de dar lo mejor de sí misma al mundo, de dejar rastro en la sociedad. Cuando se exterioriza, se expone a equivocarse, pero, al mismo tiempo, se siente más viva que nunca, siente que la vida le pertenece, que no es un objeto en el teatro del mundo, una parte del decorado, ni un cero a la izquierda. Cuando uno emprende un proyecto, se siente el protagonista de la obra, el soberano de sus actos, el señor de su vida, y ésta es la más alta forma de **dignidad** que puede adquirir la vida humana.

Siempre hay un círculo de espectadores inmóviles que no hacen nada, que no dicen nada, que no empiezan nada, que están atentos al primero error del actor ya sea para criticarlo, ya sea para ridiculizarlo. Siempre hay espectadores sedientos de espectáculo, que se limitan a ver como los otros viven, luchan, sufren y se frustran. Lo que no saben es que, mientras tanto, la vida les pasa sin haberla vivido.

LA GENEROSIDAD

29

La generosidad es la tendencia espontánea a dar lo que uno tiene, lo que uno es. *Sólo es posible ejercerla cuando uno se libera del instinto posesivo, de la malévola tendencia a encerrarse dentro de uno mismo y guardar todos los bienes para el consumo individual.*

La verdadera generosidad no espera respuesta, tampoco un intercambio simétrico. **Se complace en dar,** en hacer partícipes a los otros de lo que uno tiene. Tampoco es una forma de exhibicionismo. El exhibicionismo es una manifestación del ego, responde al deseo de ser valorado y aplaudido, de convertirse en el centro de interés, mientras que la generosidad no busca el halago ni la vanidad.

La persona generosa da sin que se note, sin aspavientos, con la discreción propia de quien no espera nada, ni siente deseo alguno de ser reconocido por lo que hace. Actúa así porque siente **espontáneamente** que ha de dar lo que tiene, que sólo tiene sentido tenerlo si lo puede compartir con los otros. Sabe que lo verdaderamente esencial no es tener sino ser y que el ser crece en la medida en que se da, en que uno ofrece aquello que le es propio a los otros.

El maestro crece cuando ofrece generosamente sus conocimientos a sus discípulos y la cantante crece, como cantante, cuando regala su voz a los otros. El ser no se vacía con la donación sino, por el contrario, crece en dimensiones y magnitud, porque la lógica del ser es diametralmente opuesta a la lógica del tener.

La generosidad es una pasión, es la fuente del altruismo y de la solidaridad, la pasión que ennoblece a las personas y las comunidades, que las hace más humanas y más dignas de respeto. Es, además, un acto de sabiduría. La persona generosa sabe que sólo pervive aquello que se da, aquello que ofrece a los otros. Su opuesto es la avaricia, la tendencia a abarcar, acumular los máximos bienes para uno mismo con la voluntad de ser reconocido como un hombre rico y poderoso.

En este acto de **donación**, el objeto es fecundo para los otros, mientras que aquello que se precinta y se cierra exclusivamente para uno mismo no genera nada, porque desaparece con la muerte del propietario.

Esta emoción lucha contra otra emoción muy enraizada en la condición humana: el egoísmo, la tendencia a vivir conforme al ego y a olvidarse de los otros. Ambas tendencias chocan frontalmente en el corazón del hombre. La generosidad es la victoria sobre el ego, la liberación de pensar exclusivamente en términos de interés personal; la generosidad es descubrir a los otros, pero descubrirlos no como rivales sino como dones que embellecen la realidad. La generosidad es la disponibilidad a compartir lo que es propio, a deshacerse de lo que es privado para hacer partícipe de ello a los otros. No siempre es un bien material lo que se da; en ocasiones es un bien **inmaterial** tan valioso o más que los objetos físicos.

Sentir la generosidad en el alma **es experimentar el impulso de dar**, de superar la barrera de lo que es mío y de lo que es tuyo, para construir el nosotros.

EL GOZO

30

El gozo es la manifestación externa de un estado de paz interior,

una manifestación bella y pura que deja un dulce recuerdo por allí donde pasa, como si fuera el bálsamo purísimo de un perfume suave. Atrae a todo el mundo: un rostro alegre es una alegría fresca que se gana muy pronto todas las simpatías. Es una alegría simplísima, sin dobles fondos ni hipocresías, **pura como puro es el espíritu de quien la manifiesta.**

Escribe Miquel Martí i Pol: «El gozo es como una isla / desconocida que puede aparecerse / ante la proa de la nave que os guía, / alguna mañana ignorada, / por una ruta antigua».

No se debe confundir, sin embargo, con el placer, tampoco con la comodidad. El placer tiene un origen sensorial. Es la percepción subjetiva de un bien a través de cualquiera de los sentidos externos o internos. Nos causa placer escuchar una determinada música, percibir un buen olor, mantener un cierto contacto físico, también la visión de un determinado paisaje alpino o degustar un buen vino. El placer no es una emoción sino una sensación agradable que tiene su origen en la sensibilidad y que hace más agradable la vida. Se opone radicalmente al **dolor,** que tampoco es una emoción, y tiene su raíz en la percepción subjetiva de un mal corporal.

La comodidad es el bienestar material, la fácil instalación en un ámbito lleno de comodidades que da seguridad, pero también estabilidad. El gozo tiene otra raíz; no se puede asimilar al placer, tampoco a la comodidad. Tener experiencias placenteras no significa experimentar el gozo; vivir en un lugar cómodo tampoco lo garantiza. **El gozo es una emoción fundamental,** una vivencia que nace en el interior de uno, en las profundidades del ser.

Sentir gozo no es un fenómeno arbitrario ni una casualidad. El alma percibe un bien intangible, un bien que la trasciende, pero que, al mismo tiempo, la llena de plenitud. Al sentir este bien, experimenta un estado de buen ánimo que llamamos *gozo*. El bien, la belleza, la unidad son las fuerzas que hacen posible que sintamos esta emoción. Causa gozo percibir el bien, pero también la belleza y la unidad. Cuando captamos que todo es uno, que todo es bello y que todo es bueno, sentimos el gozo de existir. Entonces el mundo cambia de signo, pero, de hecho, lo que cambia es la mirada con la que lo percibimos.

Se ha contrapuesto históricamente el gozo de vivir con el **asco de existir**. Dos personajes encarnan estos estados de ánimo. Félix, el protagonista de *El libro de las maravillas*, de Ramon Llull, experimenta el gozo de vivir. Está maravillado por lo que ve y oye, por todas las criaturas que configuran el mundo, por la riqueza natural que lo envuelve, la majestuosidad de la creación. Siente tan intensamente este gozo que experimenta la necesidad de revelarlo a todos los seres humanos, de comunicarlo, para que despierten de su sueño y gocen y loen a Dios. Para alcanzar este fin, narra las maravillas de la creación por todos los lugares donde va, con la esperanza de que sus oyentes sepan agradecer a Dios el mundo que les ha dado para habitar.

El otro personaje, en las antípodas, es el protagonista de *La náusea*, de Jean-Paul Sartre. Siente verdadero asco de existir, contempla la vida como algo oscuro y carente de sentido, se arrastra sin ánimo por los parques y bulevares y siente que está de más en el mundo, que su existencia es tan gratuita como absurda, tan efímera como banal. Se siente escupido por el mundo y no es capaz de percibir la belleza, la bondad y la unidad inherente a este mundo en que vive.

No escogemos el estado de ánimo fundamental. *Va con nosotros, está tan enraizado al alma como la piel en la carne, como los huesos que nos sostienen.*

El gozo de existir es una experiencia interior, pero no queda escondida en el fuero interior: se manifiesta exteriormente y rezuma en todos los movimientos de la persona. No es irrelevante lo que sentimos dentro, porque, poco o mucho, de manera inmediata o mediata, acaba teniendo efecto en los otros.

LA GRATITUD

31

Es un sentimiento afectuoso que se tiene hacia quien ha sido bueno con uno o le ha hecho un favor. *Es la experiencia de un deber, de una obligación. Cuando uno se siente receptor de un bien que no merece, que le ha sido dado gratuitamente y que disfruta intensamente, experimenta el deber de corresponderle, de devolver aquello recibido a quien se lo ha dado, aunque eso* **sólo es posible si es capaz de identificar al donante.**

La gratitud nace de un acto de conciencia. Exige un autoexamen. Hay que tener conocimiento de todo aquello que nos ha sido dado desde antes de nacer para poder ejercer la gratitud. Para empezar, la misma vida, la existencia, que es la condición básica e ineludible para recibir cualquier otro bien.

Nadie se ha dado la existencia a sí mismo. La ha recibido de sus padres. A nadie le han consultado tampoco si quería o no existir. Se ha encontrado existiendo en el seno de un mundo, en el marco de una familia, en un pequeño fragmento de la historia universal. La primera gratitud es la gratitud de existir, que se traduce en una actitud de respeto y de estimación hacia aquellos que se la han dado.

La gratitud exige otro movimiento, el deber de corresponder, de agradecer todo lo que nos ha sido dado. No siempre, sin embargo, podemos devolver el bien que nos ha sido regalado. A veces, porque el bien dado es tan grande, tan maravilloso, que trasciende la capacidad humana. No podemos devolver, por ejemplo, el don de existir a quienes nos han regalado la existencia. No podemos alargar su vida, tampoco devolverlos al mundo después de muertos. Hay dones que son únicos e irrepetibles y que nunca podremos devolver por más que nos empeñemos.

Hay que agradecer a la naturaleza todo aquello que nos da y que hace posible la misma existencia humana. No podemos decírselo, porque no tiene oídos para escucharlo, pero podemos mostrárselo activamente, respetando su grandeza y velando por su vulnerabilidad.

La donación **generosa** se complace en el puro acto de dar. No espera ningún reconocimiento, tampoco ninguna gratitud. Con todo, el ejercicio de la gratitud es un deber de justicia que fortalece el vínculo social. Quien da tiene derecho a la gratitud. Aunque dé a fondo perdido, sin esperar nada, es justo que experimente la gratitud y que sienta que su don ha sido apreciado y aceptado.

El opuesto es la ingratitud. Es fruto de la ignorancia, del desconocimiento y de la inconsciencia. Hay personas que llegan a la conclusión de que todo lo que son y todo lo que tienen es fruto de su esfuerzo y de sus méritos, sin reconocer que lo más fundamental que hay en ellas es la vida y el talento y que ambos les han sido dados sin merecerlo. Cuanto más consciente es una persona de sus raíces, de su indigencia, de la necesidad que tiene de los otros y de la misma naturaleza para vivir, más se da cuenta de que tiene que estar agradecida. **Agradecer no es un acto de humillación** ni una forma de dependencia o de inferioridad sino un acto de justicia, de reconocimiento.

Sentir gratitud es una bella y noble emoción, *un movimiento del corazón que eleva al hombre por encima de la materialidad y del cuerpo de necesidades. Este sentimiento se puede expresar verbal y simbólicamente, se puede manifestar dentro de una iglesia o a pecho descubierto en medio del campo o del mar.* **Hay una plegaria de gratitud** *que puede tener una dimensión religiosa cuando reconoce un Tú como fuente de donación eterna,* **pero también la plegaria de gratitud laica,** *que articula un gracias aunque no tiene un destinatario final.*

LA HIPOCRESÍA

32

Se pregunta Miquel Martí i Pol:
«¿Proclamaremos la paz con las palabras / mientras con el gesto favorecemos la guerra?».

La contradicción entre la palabra y el gesto es la madre de la hipocresía y la hipocresía es la raíz de la desconfianza y de la crisis de credibilidad. Cuando, por un resquicio, uno se da cuenta de la contradicción que reina entre el discurso hablado y la acción real, siente que ha sido traicionado y, como consecuencia, se rompe el pacto fiduciario.

La hipocresía es el arte de la comedia. En el Gran Escenario del Mundo, hay buenos comediantes, tan buenos que el espectador llega a la conclusión de que el actor siente lo que está diciendo y que hay una unidad de vida entre pensamiento y acción, pero también hay malos comediantes en cuyas actuaciones es posible entrever un signo, una señal que los pone en evidencia, un resquicio por donde se les ve la trampa.

Es cansado ejercer, permanentemente, la hipocresía: supone dominar muy a fondo el arte de la simulación. En la vida pública se puede ejercer hasta cierto punto, pero en la vida privada, más libre en sus movimientos, aparece el hombre de carne y hueso que ha dejado la máscara justo en el recibidor de casa. Entonces, viendo cómo vive y cómo actúa, viendo lo que hace y dice en su hogar, se percibe la distancia que hay entre su discurso público y su vida real y podemos evaluar el grado de hipocresía que gasta.

La hipocresía es la simulación de cualidades y de sentimientos. Sentir que el otro es hipócrita es intuir que está fingiendo, ejerciendo de comediante, que no se cree lo que dice, que no hace lo que predica, que no es de fiar. La hipocresía es un juego de espejos, causa una violencia interior en quien la practica, consiste en revelar un mensaje hacia el exterior que no conecta con el ser profundo de la persona. Esta escisión interior es motivo de sufrimiento, pero hay intereses mayores que la activan.

La hipocresía es un fenómeno especialmente relevante en la **vida adulta.** El juego de intereses y de miedos conduce a la persona a reír cuando no quiere reír, a aplaudir cuando no siente el más mínimo deseo de aplaudir, a alabar al otro cuando no siente ninguna necesidad.

En la primera infancia se ignora la hipocresía. El niño revela lo que siente tal y como lo siente, lo que piensa tal y como lo piensa, lo que quiere tal y como lo quiere. No domina, todavía, la sibilina habilidad de disfrazar los sentimientos, de proteger su interior, de adivinar los intereses que hay en juego, tampoco sabe hasta qué punto puede ser perjudicial decir lo que verdaderamente piensa en un entorno determinado. Es libre, tan libre como un pájaro, pero a través del proceso educativo adquiere una serie de convenciones y de normas que lo conducen a practicar progresivamente la hipocresía social.

Sentir que alguien es hipócrita significa intuir que simula sus sentimientos, que no es honesto a la hora de revelarlos, que esconde aquello que siente y que expresa aquello que no siente.

La cura contra la hipocresía no es sencilla. El examen de conciencia es el único método para darse cuenta del grado de hipocresía que cada cual ejerce en la vida profesional, laboral, familiar y social. Este examen es doloroso y, a veces, trágico, pero es el único modo de tomar conciencia y de buscar mecanismos para que disminuya la distancia entre la discusión y la acción.

Detectar la hipocresía del otro es mucho más difícil todavía, sobre todo si no se conoce su vida privada, su esfera más íntima. Es bueno activar mecanismos de defensa frente de los halagos indiscriminados y de las alabanzas injustificadas, porque, con mucha frecuencia, son actos puramente interesados que buscan un fin egoísta.

El mejor antídoto contra la hipocresía es aprender la lección de los niños,

imitar su transparencia, acercarse a ellos y hacer lo que ellos hacen. Cuando el hipócrita guarda silencio y escucha al niño que tiene en su interior, aquel niño invisible que se resiste a morir, nace una brizna de esperanza.

LA HUMILDAD

33

La humildad es un sentimiento, pero también una virtud. *Es una cualidad del carácter admirada y apreciada por todo el mundo. Es el reconocimiento de los propios límites, de la propia vulnerabilidad.* **No es la autodestrucción, ni la negación de uno mismo,** *tampoco aquel sentimiento que anula a la persona y la reduce a la nada.*

Es la medida de uno mismo, un ejercicio de transparencia. La imagen que uno se forja expresa su ser, se ajusta a su naturaleza; no siente necesidad de hincharla como un globo, pero tampoco de negarla. Esta visión ajustada, proporcionada, vivida con sencillez y **naturalidad,** es la humildad.

Consiste en reconocer que lo más valioso nos ha sido dado, que no hemos realizado ningún mérito para obtenerlo, que es un don. La persona humilde no exhibe sus talentos como propiedades. Los da: sabe que le han sido dados y entiende que sólo dándolos pueden crecer.

Entre la vanidad y la conmiseración por uno mismo hay el sentimiento de humildad, que se mueve en un terreno equilibrado. El **vanidoso** se hincha por encima de sus posibilidades, no reconoce los límites de su ser, porque se cree omnipotente, una suerte de dios en la tierra.

La conmiseración es el sentimiento de lástima que, con mucha frecuencia, nace de una visión desenfocada de uno mismo, de una mirada que anula las propias capacidades de manera que uno llega a concluir que no es nada, que no puede conseguir nada, que no tiene nada para dar. La humildad nace del autoconocimiento ajustado de las propias posibilidades y limitaciones. Es autoconciencia de la mortalidad. Es darse cuenta de que la necesidad, la enfermedad, el error, la decrepitud, la falta, el fallo, forman parte de la condición humana. Reconocerlo es practicar la humildad.

El ser humilde se gana todo tipo de simpatías. Existe, sin embargo, una falsa humildad, que consiste en simularla, imitarla con un gesto o unas palabras más o menos estudiadas para atraer el reconocimiento de los otros, pero que, en el fondo, esconde, detrás de esta ficción, el más refinado orgullo.

La falsa humildad es una expresión de orgullo, pero tan refinada que puede dar la impresión de humildad. Hay personas que, cuando son felicitadas sinceramente por algún éxito obtenido, contestan con infinidad de aspavientos y restando importancia a todo lo que han hecho, diciendo que no vale nada y cosas por el estilo, porque saben que, cuanto más aparentemente se humillen, más exagerados serán los elogios de los otros, elogios de los que están hambrientos y no saben cómo disimularlo.

Si alguien intenta, un día, decir a esa persona que aquello que ha hecho no vale nada, *que está equivocado, que su trabajo es un churro,* **encontrará todo tipo de excusas y de justificaciones,** *de palabras y argumentos para defender su criterio, eso suponiendo que no llegue a enfadarse y a perder la amistad con quien así le ha hablado.* **Muchos prefieren no saber la verdad.**

LA ILUSIÓN

34

La ilusión es la sal de la vida, el motor de la acción, el más fuerte empuje del corazón. *Sentir ilusión es sentir que todo es posible, que no hay barreras que valgan; la ilusión es, lisa y llanamente, percibir que los sueños se pueden hacer realidad. Es ver el horizonte abierto, es desconocer la palabra imposible, experimentar la fuerza de los inicios.* **Da alas, activa la acción, pone en movimiento la carne y el espíritu y ve posibilidades allí donde los otros sólo ven necesidades.**

Es la emoción **más bella** que se puede vivir, tan vital como el entusiasmo, tan intensa como la alegría, tan estimulante como la euforia. Hay ilusiones que nacen, viven un cierto tiempo y mueren. Sólo quien se ilusiona puede desilusionarse, pero la cuestión es si será capaz de ilusionarse después de la última decepción. Hay quienes permanecen permanentemente ilusionados, quienes aman tanto aquello que hacen y sienten tanto ardor por aquello que esperan que su ilusión no muere a pesar de las barreras y los obstáculos. Perdura en su corazón a lo largo de todo el ciclo vital. Son los más afortunados, porque no pasan por el calvario de la **decepción,** del desengaño, de la amargura del fracaso.

Nadie sabe, cuando experimenta una ilusión, qué duración tendrá. Al principio, la ilusión es indispensable, se da por supuesta. Cuando nace un amor, todo es ilusión; cuando empiezan unos estudios, todo es ilusión; cuando se estrena una casa, todo es ilusión. Aunque no se sabe si se mantendrá viva e intensa cuando aparezcan resistencias y barreras. **Con mucha frecuencia, la ilusión se deshincha como un globo.** Entonces irrumpe la fatiga, el cansancio, el desengaño e incluso el desencanto.

Lo más dramático, sin embargo, no es la muerte de *una* ilusión sino la muerte de *toda* ilusión, porque, entonces, el corazón espiritual deja de latir y le da lo mismo vivir que morir. De hecho, morir es no tener ya ninguna ilusión, es no esperar nada, no prometerse nada a sí mismo. La vida, entonces, deja de ser movimiento, transición, para convertirse en un punto, en un punto insignificante en medio del Cosmos que será lentamente consumido por el paso del tiempo.

Vivir es construir horizontes y remar con fuerza hacia ellos. Cuando no hay ilusión, no hay horizonte y, entonces, tampoco tiene sentido el esfuerzo, el trabajo, la constancia, el sacrificio. Todo es en vano, todo está de más. Hay quien, por miedo a la decepción, amputa todo brote de ilusión, censura este sentimiento para evitar hundirse en la posterior desilusión. Éste es un signo de *cobardía,* una forma de debilidad que conduce a un estado de ánimo yermo.

Cuando no hay ninguna ilusión, absolutamente ninguna, cuando nada despierta el corazón ni lo acelera, la vida se convierte en un santuario vacío, una tarde en un geriátrico, un museo el lunes por la mañana. No pasa nada, no se espera que pase nada, todo está hecho, todo ha sido dicho, el tiempo de juego ya se ha acabado y se vive en tiempo de descuento.

La ilusión, a diferencia de la nostalgia, **proyecta hacia el futuro, dibuja un futuro luminoso.**

Un hombre ilusionado entiende que lo mejor todavía está por llegar, que el futuro será mejor que el pasado y que hay que luchar por hacerlo realidad. Un hombre nostálgico, en cambio, entiende que lo mejor ya ha pasado, que no volverá nunca más y que sólo queda una posibilidad: la de deleitarse en el recuerdo y resucitar el pasado a través de la memoria.

LA IMPOTENCIA

35

La impotencia es sentir la incapacidad, percibir que no hay nada que hacer, que por fuerte que se use el pico, la piedra no se romperá. *Es una emoción frustrante, porque la impotencia no satisface al deseo. El deseo está ahí, pero la barrera mental y emocional es tan dura y gruesa que queda atrapado debajo y muere de inanición.* **La impotencia es fuente de frustración y la frustración emponzoña el alma y ensombrece los días.**

Como escribe John Rawls, una característica básica de los seres humanos es que no podemos llevar a cabo todo lo que podríamos llevar a cabo y, menos todavía, lo que otra persona podría llevar cabo. Las potencialidades de cada ser humano son mayores de lo que se podría pensar y, por tanto, quedan cortas respecto a las facultades que hay entre las personas en general. Esto significa que todos debemos aprender a seleccionar qué capacidades y qué intereses desea estimular, debe planificar el entrenamiento y el ejercicio y programar la persecución de estos objetivos de manera ordenada. Personas distintas con capacidades complementarias están llamadas a cooperar para hacer posible la mejora de la sociedad.

La impotencia es una creencia limitadora. Hay creencias que liberan y hacen crecer a las personas y a los pueblos, pero hay creencias que limitan y enajenan el alma. La impotencia es creer que no puedo, que no saldré adelante, pero sin haberlo comprobado. **El impotente quiere, pero no puede**. O, mejor dicho, cree que no puede, siente que no puede y lo siente tan intensamente que no se pone a ello, dimite antes de empezar.

Es un sentimiento que frena la acción, el pensamiento, la palabra, cualquier obra; una emoción que atranca, enjaula, encarcela. Que uno sienta la impotencia no quiere decir necesariamente que no pueda, pero uno siente que no puede y, al sentirlo, deja de luchar, entiende que no vale la pena, que todo esfuerzo es inútil. Entonces se deja ir, destensa la cuerda del arco y la vida se convierte en un estanque quieto en el que no pasa nada.

Sólo si uno recupera la confianza en sí mismo, si es capaz de cambiar la mirada que proyecta sobre la realidad y sobre su propio ser, es capaz de ver la potencia que hay en su interior y puede activarla.

La impotencia es la **pasión trampa**, porque si uno percibe que hay posibilidades, un pequeño indicio de esperanza, se pone en movimiento, pero cuando uno se siente impotente, arría las velas y se convierte en un ser pasivo, que mira el mundo, pero ya no pretende transformarlo. La impotencia es la negación de la voluntad de vivir, la deconstrucción de la potencia del yo.

En el hombre profundo, escribe Søren Kierkegaard, el pensamiento de la muerte causa impotencia, de manera que cae en la languidez del estado de ánimo, pero, paradójicamente, el pensamiento de la muerte da al hombre serio el impulso más poderoso en la vida. Ningún arco se deja tensar tanto, ningún arco da un impulso tan fuerte como el pensamiento de la **muerte.**

Cuando uno piensa la propia muerte, la que irremisiblemente llegará, el presente se convierte valioso a más no poder, adquiere la máxima densidad emocional, de manera que cada día, cada hora, cada instante se convierten en unidades llenas de sentido, en campos para disfrutar al máximo de la inmensa oportunidad: la oportunidad de vivir. No se considera ninguna tarea insignificante, no se desperdicia el tiempo, se trabaja con todas las fuerzas, aunque uno esté dispuesto a reírse de sí mismo, porque sabe hasta qué punto es fútil su vida.

La seriedad de la muerte ayuda a hacer infinitamente preciosa cada hora,

el pensamiento de la muerte ayuda a hacer significativa una larga vida, velando siempre por cada instante.

LA INDIFERENCIA

36

La indiferencia ante el sufrimiento de los otros constituye una obscenidad. *Consiste en pasar de largo, en no responder a su llamada, a su súplica, ya sea por miedo, por comodidad o por mala fe. Sentir indiferencia es justo lo contrario de sentir deferencia y atención.* **La indiferencia es no constatar la diferencia del otro, su singularidad, su voz, su clamor.**

Es la más alta forma de menosprecio. Todo ser humano, incluso el más humilde, desea ser reconocido, anhela que se vele por su singularidad. La indiferencia es peor que la maldición, incluso que el insulto, porque en el insulto hay, como mínimo, el reconocimiento de que el otro existe, una existencia hostil. En la indiferencia, el otro es ignorado, convertido en una parte insignificante del mundo, en una pieza del conglomerado social, en un ser tan irrelevante que ni siquiera es reconocido como individualidad. Toda persona y todo pueblo anhelan ser reconocidos, sienten verdadera **intolerancia** a la indiferencia.

Existen múltiples formas de indiferencia. Existe la indiferencia hacia uno mismo que, llevada al máximo nivel, conduce a la propia destrucción. Vivir humanamente es velar, cuida de uno mismo y de los otros. La indiferencia es prescindir, es un pasar de largo que acaba derivando en dejadez. Cuando uno deja de cuidarse a sí mismo, el yo corporal y anímico se deshace, se desintegra, se disuelve en la **nada**.

También existe la indiferencia hacia los otros, que es una muerte anticipada. Sólo podemos crecer como seres humanos si nos abrimos a los demás, si nos ayudamos mutuamente, si establecemos mecanismos de comunicación fluida entre lo que somos y lo que nos falta. La permeabilidad es motor de vida, mientras que la impermeabilidad, la indiferencia, el hermetismo, es la principal causa de muerte.

Vivir es fluir, entrar y salir, saludar y acomodarse, dejar ir lo que hay dentro y recibir lo que viene de fuera. El otro siempre lleva, escondida, una lección, pero sólo podemos aprenderla si uno se dispone a captar su singularidad, a romper la indiferencia y el muro de prejuicios y de tópicos que, como una costra, lo separa de él.

Y existe otra forma de indiferencia, la que practicamos en relación con la naturaleza. Consiste en vivir como si ésta no existiera, como si pudiéramos prescindir de ella, como si no la necesitáramos. La indiferencia frente a la naturaleza es una forma de ignorancia que deriva en dejadez. La naturaleza es un bien vulnerable y, como tal, hay que velar por su existencia y por la diversidad de formas de vida que se expresan en su seno. El **cuidado** es la antítesis de la indiferencia, el cuidado es la práctica ética por definición, aquello que mantiene las cosas vivas y que hace que puedan crecer y llegar a ser lo que están llamadas a ser.

Sentir indiferencia puede ser virtuoso cuando la indiferencia consiste en tener la suficiente personalidad y coraje para permanecer en el propio camino a pesar de las críticas y las reprobaciones de los otros, no desfallecer cuando los otros retroceden o arrían las velas.

Los estoicos recomiendan practicar la indiferencia del mundo (*indifferentia mundi*). *Consiste en preservar la propia autonomía, la propia soberanía, y vivir de acuerdo con las propias convicciones, por difíciles que sean. Esta indiferencia no se puede confundir con la arrogancia, tampoco la altivez.* **Es un mecanismo de defensa frente al mundo, una capa invisible que aísla pero que, a su vez, da posibilidades de vivir auténticamente.**

LA INDIGNACIÓN

37

El primer hijo de la impotencia es la indignación. *El segundo hijo es el rencor hacia el mundo y hacia uno mismo. De este rencor nace la violencia y la violencia es el origen de todos los males.*

La indignación no es un acto libre ni el fruto de una decisión. No es una emoción agradable ni anhelada. Nadie quiere vivir indignado, nadie quiere vivir con indignados, porque son propios de los indignados la práctica de la queja, el malestar, el grito, el ejercicio de la reivindicación.

Aparece después de un acto de conciencia. La inconsciencia la hace imposible. Cuando el ciudadano se despierta de su sueño y se da cuenta de la injusticia que rige el mundo, del sufrimiento inútil que generan la avaricia, la prepotencia y la vanidad humanas, se indigna. Contra la indignación, no vale ninguna maniobra de distracción o entretenimiento. El indignado no se contenta con una cortina de humo, tampoco con una ración diaria de analgésicos. Reclama justicia, quiere igualdad, quiere dignidad.

La indignación tampoco es una **casualidad.** Los ciudadanos no se indignan casualmente. Sienten que no son tratados como merecen, que las instituciones no son transparentes, que la injusticia en el mundo crece, que ésta no es la democracia que imaginaban, que todos son esclavos de los mercados y experimentan impotencia por cambiar las cosas, pero quieren dejar un mundo mejor que el que tenemos a las generaciones futuras.

La indignación ciudadana nace de un acto de conciencia. En ella ha nacido un grito utópico, lleva en su vientre una esperanza que no se rinde, un sentido de la justicia que no se deja comprar. Es un sentimiento que nace cuando uno tiene la impresión subjetiva que ha sido tratado indignamente, que no ha sido tratado como merece una persona humana.

Cuando uno es utilizado como un objeto, amontonado como una caja, arrinconado como un viejo trasto o aparcado en un inmenso almacén, se indigna, porque todo ser humano, de manera consciente o inconsciente, quiere ser tratado dignamente y ser tratado dignamente es, como dice Immanuel Kant, ser tratado como un fin en sí mismo, como alguien que tiene valor en sí mismo, que es valioso por sí mismo y que no está al servicio de ningún otro fin supuestamente más noble y más excelso que el ser humano.

Me siento impotente cuando tengo la sensación de que no puedo vencer la injusticia, la inopia, la crueldad, la humillación, el instinto de muerte. Me siento impotente cuando el mal campa libremente y nadie lo detiene. La **impotencia** es la raíz de la indignación, pero sólo se puede vencer desde la confianza en uno mismo y desde la esperanza de que el bien acabará imponiéndose sobre el mal.

El único antídoto poderoso contra la impotencia es la confianza en uno mismo, en el talento compartido, en la capacidad de sumar esfuerzos. Por eso, la indignación sólo puede articularse creativamente si hay unión entre las personas indignadas y capacidad de transformar esta energía destructiva en fuerza creadora.

Existe la justa indignación. Nace de la explotación, de la mentida, del engaño, de la injusticia y de la privación de libertad. Indignarse en un indicio de esperanza. Revela una voluntad, un anhelo, un deseo: el deseo de restaurar el orden, la justicia, la verdad y la libertad.

La indignación es una pasión *que nace en las profundidades del alma, pero no es libremente escogida. Nadie desea estar indignado. Irrumpe por causa de una injusticia sufrida en la propia persona o en los otros.*

Lo que causa la indignación es la falta de consideración, la falta de reconocimiento. Por eso, la indignación está profundamente emparentada con la ira. También la ira expresa la debilidad del ser humano cuando no recibe el trato que merece, cuando es injuriado y vejado, provoca el deseo y la sed de venganza, pero la indignación tiene la capacidad de transformarse en compromiso, en fuerza creadora si orienta, con inteligencia, el deseo de justicia que late en ella.

LA INQUIETUD

38

La inquietud es la emoción más humana de todas, la más transversal, la más común, la que más claramente se manifiesta en todos los seres humanos. *El corazón humano, como dice san Agustín, está inquieto, y lo está porque anhela un bien que nada ni nadie en este mundo le puede dar. Busca desesperadamente entre sombras y claros, a tientas, con la confianza, sin embargo, de poder deshacerse para siempre de esta inquietud que lo corroe por dentro. A pesar de esto,* **nada termina de responder sus expectativas, a su anhelo infinito.**

La inquietud es consustancial al ser humano, la definición más exacta de su esencia. Somos seres inquietos, anhelamos una quietud que no poseemos, sentimos el deseo de poseerla y la buscamos por todos los caminos posibles.

La inquietud es la antítesis de la quietud, una carencia que es consecuencia del propio ser. Es la raíz del movimiento. Constatamos que no poseemos aquello que anhelamos, que no tenemos aquello que deseamos y, al constatarlo, nos ponemos en movimiento con la esperanza de poder poseerlo. Esta esperanza es el **motor** del movimiento.

Aquí se pone de relieve la dimensión peregrina de la existencia humana. Todos somos peregrinos, porque, lo confesemos o no, anhelamos una patria que no poseemos, una paz que se nos escapa de las manos. La quietud es la paz del alma, una paz que se adquiere cuando se posee el bien que lo desea. Cuando aquello que se anhela, con todo el corazón, ya se ha poseído, termina el movimiento, porque no se experimenta ninguna necesidad de ponerse en marcha.

En la vida humana, la inquietud es la nota predominante, pero en el decurso del vivir irrumpen momentos de quietud, de calma del cuerpo y del alma. Son instantes de gran densidad emocional en los que el tiempo se detiene y tiene la impresión de que ha llegado allí donde quería llegar, que ha alcanzado aquello que tan intensamente deseaba. En estos instantes, uno tiene la sensación de vivir, anticipadamente, en el paraíso, de catar la vida eterna. Son pequeños momentos de eternidad.

Estos instantes son provisionales, porque el bien que se posee no es permanente. Viene y se va y, cuando se va, empieza, de nuevo, la búsqueda inquietante. Todo es fluido, todo se mueve, **nada permanece inalterablemente igual a sí mismo.** Los estados anímicos también fluyen, de manera que la vida humana es una constante búsqueda de quietud.

Buscamos espacios y tiempos de quietud. Los necesitamos como antídotos a la prisa y a la saturación, a las cuitas de la vida cotidiana y a la aceleración que nos empuja no se sabe hacia dónde. Mientras estamos vivos, sentimos inquietud y es precisamente la inquietud la que hace que nos demos cuenta de que estamos vivos. En los cementerios hay mucha quietud. No se mueve nada. Todo está como está. No se oye una maldición, una reivindicación, una declaración de amor. Silencio absoluto.

La muerte es la quietud, la vida es **movimiento.** El recién nacido mueve la cabeza buscando, a tientas, el pezón de su madre para nutrirse. Se mueve de manera inconsciente, sin verse y, cuando después de amamantarse se encuentra ahíto, duerme con un rostro de placidez, de quietud casi sagrada. Esta quietud pronto se verá rota, porque sentirá una necesidad que lo llevará a gritar, a gemir, a llorar, a rezongar hasta que no encuentre la respuesta.

La inquietud es el motor de la vida, *la emoción fundamental, pero está escondida, como toda emoción, detrás de un velo de ambigüedad, porque,* de un lado, es la principal fuente de vitalidad, pero, del otro, es la primera causa del cansancio de vivir.

LA IRA

39

La ira es una de las pasiones más intensas y salvajes que un ser humano puede sentir. *Es la desmesura, el exceso, un deseo de mal que se proyecta hacia alguien. La desmesura, como indican los estoicos, es el origen de todos los males, la causa de toda enfermedad y decadencia.* **Por ello es esencial dominarla, contenerla y liberarla de manera no destructiva.**

Nunca es una casualidad ni fruto de un azar. No nacemos marcados por la ira. La ira es una respuesta emocional a un daño sufrido con anterioridad, a una ofensa sufrida en carne propia. El ser humano está hecho para amar, ésa es su lógica más íntima; necesita recibir afecto y darlo para desarrollarse armónicamente. La ira nace de la falta de amor, de la falta de reconocimiento, nace de la indiferencia y de la impotencia.

Aristóteles la describe como un apetito penoso de venganza por causa de un menosprecio manifestado contra uno mismo o contra seres queridos sin que haya una razón objetiva. Los autores medievales la describen como un pecado capital, como una forma de **debilidad** humana, como un apasionamiento que se sale de madre.

Sentirla no quiere decir expresarla. La ira, como cualquier emoción, puede expresarse primaria o secundariamente, directa o indirectamente. En cualquiera de los casos, se trata de un sentimiento lesivo que busca causar daño y romper el vínculo social. Incluso si está justificada, no se puede calificar de sentimiento positivo, porque cuando libera todo su potencial destructivo es verdaderamente lesiva.

La ira se emparenta con otras dos emociones muy próximas: la cólera y el odio. En todas ellas hay una inquina, un deseo de muerte, de destrucción, que incita, por odio, a hacer daño a quien odiamos. Como todas las emociones, la ira engendra un deseo, el deseo de venganza. Por ello, Séneca considera que es una **pasión viciosa y dominante.**

Es inseparable de este componente destructivo, del componente tanático, en términos freudianos. Es contraria a la solidaridad humana y, por eso mismo, un sentimiento contra nuestra naturaleza, porque los seres humanos hemos nacido para la solidaridad y no para el enfrentamiento.

Como apunta Séneca, uno de los remedios contra la ira es la reflexión que dilata la respuesta. Tomarse tiempo, respirar, proyectar el pensamiento hacia otro foco temático y velar para olvidar la ofensa son mecanismos para suavizar su potencia destructiva.

Cuando uno reflexiona se da cuenta de los inconvenientes que tiene la ira, ya que acostumbra a desembocar en todo tipo de enfrentamientos y de **violencia**. La racionalidad pone un bozal a esta emoción destructiva y anticipa las consecuencias que se desprenden de una reacción violenta.

Hay que pensar antes de responder, hay que situar la ofensa, hay que comprender su origen y anticipar las consecuencias que puede tener una respuesta airada. Un buen examen de conciencia cada noche, una mirada atenta sobre nosotros mismos, sobre aquello que somos y hacemos, ayuda a controlar la ira y canalizarla de manera no destructiva.

La crueldad es hija de la ira. *No obedece al instinto de supervivencia ni al anhelo de conservación propios de todo ser vivo. Como recuerdan los biólogos, todo ser vivo, por naturaleza, desea permanecer vivo, seguir siendo lo que es.* **La ira es una voluntad de mal que sólo se satisface viendo sufrir al otro.** *Este sufrimiento ajeno, sin embargo, no la calma sino que despierta en otro la voluntad reactiva de devolver el golpe y activa una dinámica de acción y reacción que conduce a la destrucción mutua.*

EL MIEDO

40

El miedo, como la mayoría de emociones, es un estado de ánimo que se sostiene sobre creencias o bien sospechas que después serán confirmadas o rechazadas. *Es una emoción que se proyecta hacia el futuro y no hacia el pasado. El pasado no acusa miedo: el pasado puede despertar nostalgia, melancolía, remordimiento o resentimiento, pero no miedo.* **Lo que verdaderamente lo suscita es el futuro,** *inmediato o lejano, porque todo en él es abierto, mientras que el pasado es estático y cerrado.*

El miedo es una expresión de la vulnerabilidad humana. Tenemos miedo porque sentimos que somos frágiles, porque podemos ser heridos por elementos externos, pero también por nosotros mismos. Este miedo excita la inteligencia, obliga a pensar mecanismos de protección, formas de defenderse de un potencial enemigo. Es un patrimonio de débiles, pero indica, a su vez, un acto de conciencia.

Dios no tiene miedo. Sería contradictorio un Dios temeroso, porque ello revelaría que es vulnerable, frágil. El inconsciente tampoco tiene miedo, porque no anticipa los peligros, no prevé los dramas que vendrán, vive felizmente y su inconsciencia lo preserva del miedo. Cuando despunta el primer rayo de conciencia, irrumpe el miedo, pero, posteriormente, asoman la confianza, el sentido de irrelevancia cósmica, el sentirse parte de un Todo más grande que la propia vida y los pensamientos de uno.

El miedo **paraliza.** Existe el miedo a perder el trabajo, a perder la pareja, el miedo a caer enfermo, a ser dependiente, el miedo a ser ignorado o a ser difamado. Son formas de miedo que paran a la persona, la frenan, la limitan. Sentimos miedo de aquello que es desconocido y diferente, de lo que no sabemos cómo actuará, ni qué reacciones tendrá. Tendemos, como consecuencia, a frecuentar los mismos lugares, a escuchar a las mismas personas, a desarrollar las mismas tareas.

El miedo a fracasar es el principal obstáculo a la hora de emprender algo nuevo: una relación, un trabajo, un proyecto. El miedo al qué dirán se convierte en una barrera a la libertad. Pesa como una losa el juicio de los otros, pesa su opinión y, todavía más, su crítica. El miedo al qué dirán usurpa el derecho a ser uno mismo, a vivir auténticamente.

Lo que es **incierto** causa miedo. También causa miedo lo que es cierto y que no puede variar, lo que fatalmente pasará pero permite anticipar el proceso, prepararse, digerirlo con anticipación, hacerse una idea. Causa miedo la incertidumbre laboral, pero también la causa aquello desconocido que se oculta detrás del umbral de la muerte.

La muerte es verdadera, es el más verdadero de los acontecimientos que un ser humano tiene que vivir y, no obstante, causa miedo. El miedo a la muerte no radica en el hecho de morirse sino en toda la incertidumbre del *cuándo*, del *cómo*, del *dónde*. Esta incertidumbre causa miedo, pero todavía lo causan más el sufrimiento, la dependencia o la fragilidad.

No es la simple indecisión lo que causa el miedo sino la incertidumbre, el no saber a qué atenderlos, el desconocimiento de aquello que pasará y que me pasará a *mí* personalmente.

Esta incertidumbre es una expresión de la vulnerabilidad humana.

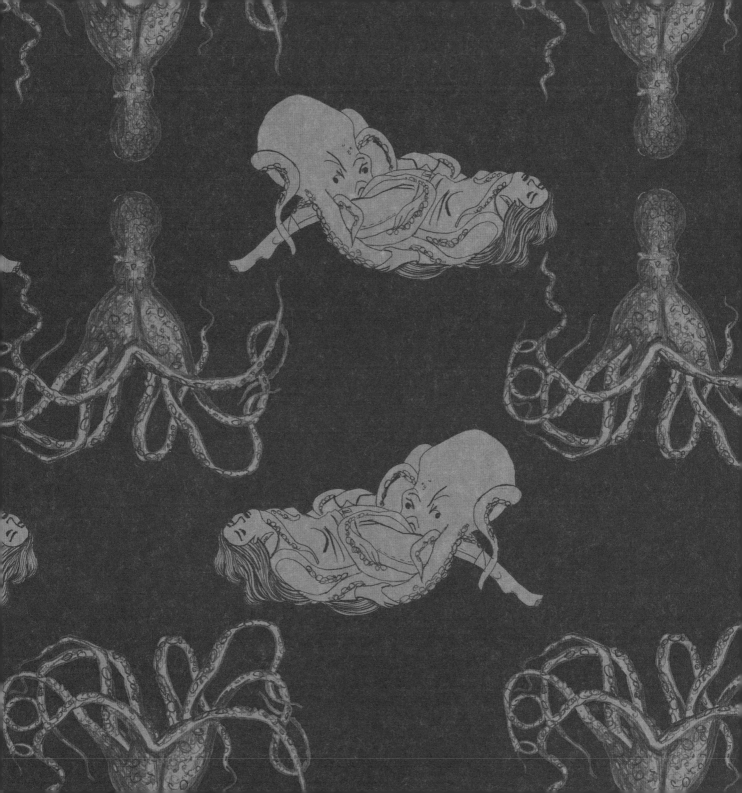

EL ODIO

41

El odio se opone radicalmente al amor, pero nace de un amor herido. *Nadie odia por casualidad, nadie nace odiando. El odio es reactivo. El desamor es su principal motivación. Cuando el amor ha sido herido, engañado, traicionado o difamado, irrumpe el odio. Como dice Friedrich Nietzsche,* **sólo puede odiar quien puede amar, y sólo puede odiar mucho quien ha amado mucho.**

La culminación del amor es la unión, mientras que la culminación del odio es la disgregación, la separación y la incomunicación. El amante no consigue hacer realidad su sueño hasta que se funde con el amante. Fundirse es convertirse en un solo cuerpo, ser una sola carne. La persona que odia intensamente no hace realidad su sueño hasta que aniquila a la persona a la que odia. Aniquilarla significa convertirla en nada, expulsarla de la existencia. El amor conduce a la unión, y la unión, a la vida; el odio conduce a la separación, y la separación es la causa de muerte.

Amor y odio son las dos pasiones que mueven la historia. René Descartes las sitúa dentro del cuadro de las pasiones fundamentales, junto con la tristeza y la alegría, la admiración y el deseo.

El odio, como el amor, se dice de muchas maneras. Existe el odio que tiene un destinatario claro y consciente, pero existe un odio difuso que no se proyecta hacia un interlocutor claro, que se vierte sobre el mundo, que nace de un sentimiento de injusticia y pretende redimirse a través del instinto destructivo.

Los hombres, movidos por el amor, han edificado grandes obras, pero los mismos hombres, movidos por el odio, han destruido las grandes obras que habían edificado. La capacidad edificante y la capacidad destructiva forman parte de las capacidades humanas básicas y son los principales motores de la historia. Olvidarlo es olvidar la *mecánica* de la historia, el hilo conductor que gobierna los acontecimientos de este mundo. El odio es ruidoso y estridente; el amor se manifiesta de manera discreta, callada, porque construye sin estridencias. Es propia del amor la humildad; es propia del odio la reverberación del ego.

Es imposible comprender la grandeza y la miseria de la historia universal, sus maravillas, pero también la brutal **mezquindad,** sin estas dos capacidades que se oponen dialécticamente la una a la otra.

No sabemos cuál de ellas acabará imponiendo su lógica, no sabemos si, finalmente, el odio llevará al mundo a la ruina o el amor lo conducirá hacia un reino celestial, hacia un paraíso fraternal. Sigmund Freud se lo pregunta y deja abierto el interrogante al final de *El malestar en la cultura.*

La esperanza se sostiene en la idea de que el bien acabará venciendo sobre el mal y la fuerza constructiva del amor podrá vencer la fuerza destructiva del odio. El odio existe y se difunde, se transmite de generación en generación, porque las heridas de la historia dejan rastro en el corazón y en la memoria de las personas. El amor, sin embargo, tiene capacidad de consuelo y de curar cualquier herida, por profunda y grave que sea.

La solución al odio no es el odio sino el amor, pero, para querer, no basta con un acto de voluntad: hay que sentirlo dentro del corazón y, cuando no se siente, es imposible exigirlo como si se tratara de un imperativo ético.

El amor es el anhelo de bien, de bien para el otro; **el odio es anhelo de mal.** El amor es fuerza edificante, potencia de unión, energía afectuosa; el odio es fuerza destructora, potencia de desunión, energía hostil.

Quien ama, espera; *espera que se haga realidad lo que es poco probable e incluso nada probable.* **Espera que la víctima y el verdugo se reconcilien, que todo sea uno.**

EL ORGULLO

42

El ser humano posee dos sentimientos fundamentales a cuyo alrededor gira toda su actividad. *El uno es el amor a uno mismo; el otro, el deseo de ser querido y valorado por sus semejantes. Este segundo sentimiento es el anhelo de reconocimiento, que los otros me reconozcan como un ser dotado de dignidad, que merece ser respetado y querido.*

El amor a uno mismo es necesario para vivir. Es la autoestima que se traduce en un respeto activo hacia el propio cuerpo y la propia alma. Quien se quiere a sí mismo se cuida, vela por su salud y por su armonía y evita situaciones de riesgo, porque sabe que puede romperse.

Este amor a sí mismo es la raíz de la confianza y de la acción, también la base de una saludable relación con los otros. Cuando uno no se quiere a sí mismo, difícilmente puede querer a los otros. El imperativo de amar al **prójimo** como a uno mismo presupone que este amor hacia uno mismo como aquello primordial.

No debe confundirse este amor hacia uno mismo con el orgullo, la vanidad o la prepotencia. Sentir orgullo es sentir superioridad, es experimentar que el yo ocupa el centro del mundo y que el resto de personas son periferia. Es una enfermedad del alma, una visión excesiva y desmedida de uno mismo que hace oídos sordos a la finitud, a la limitación, a las carencias del propio ser. **Es creerse Dios**, atribuirse una serie de cualidades que están más allá de la condición humana, más allá de sus límites. Es elevarse un palmo por encima del resto de mortales y mirarlos de reojo como si fueran eunucos.

Ser orgulloso es la consecuencia de la miopía intelectual, *responde a la incapacidad para ver la interdependencia de todo lo que es y el carácter relativo y efímero de toda criatura.*

Sentir orgullo por lo que se ha hecho o se ha dicho es lógico cuando lo que se ha hecho o se ha dicho es excepcional, cuando es un bien que mejora la situación. Sin embargo, este orgullo secreto, vivido de puertas hacia dentro, cuando se traduce en una actitud de superioridad y en una forma despectiva de tratar a los otros, se convierte en una **emoción tóxica** que hiere a los otros y destruye el vínculo social. Sentir orgullo por aquello que se ha hecho es sentirse satisfecho, complacido, por el esfuerzo realizado, pero nunca se puede perder la noción de relatividad y de transitoriedad inherente a toda criatura.

Cuando se abusa del amor a uno mismo se desnaturaliza y se convierte en un **egoísmo** indignante, con sus múltiples manifestaciones de orgullo, vanidad, amor propio y un sentimiento exageradísimo de la propia dignidad. Cuando se abusa del segundo sentimiento, el de necesidad de reconocimiento de los otros, se vuelve un individuo enfebrecido de necesidad del aplauso del mundo, celoso de la gloria de los otros, una gloria que sólo querría para él, un individuo que lo subordina todo al aprecio y al buen concepto que de él se pueda tener, mendigando incluso la frase aduladora del compañero, a pesar de darse cuenta de su falta de sinceridad.

El orgullo es una verdadera carcoma de la espiritualidad individual que hace del corazón de la persona que no sabe luchar contra él un nido de rencores, antipatías, envidias e incluso odio, con la pérdida completa de aquella paz de alma que hace al ser humano parecido a los ángeles.

LA PAZ

43

Escribe Miquel Martí i Pol:
«La paz no es un repentino golpe de viento / sino la piedra en la que cada día / hay que esculpir el esfuerzo por conquistarla».

La paz es una **conquista,** una victoria buscada a pulso, un bien que llega después de un esfuerzo titánico. Nunca es un regalo ni una casualidad. Sentir paz es sentir que todo es uno, que la calma preside el corazón, que no hay ninguna arista que aguijonee, que no hay ninguna disonancia que hiera al oído.

Sentirse en paz es sentir que cada cosa está en su lugar, que cada ser hace su función, que cada persona ocupa el espacio que le corresponde. Es experimentar el orden de la interioridad; por ello, san Agustín la define como la tranquilidad que deriva del orden, de la percepción del Cosmos. El **caos,** en cambio, suscita el conflicto, la tensión, el miedo o la inquietud.

Cuando cada ser hace lo que le corresponde, hay orden y, entonces, se experimenta paz. Esta paz, que deriva de la percepción interior del orden, es extraña y muy esquiva en la vida cotidiana. Las estridencias, las inconstancias, las disonancias y las fricciones forman parte de la vida. Son el pan nuestro de cada día. A veces, como un instante prodigioso, se siente esta paz, una paz que parece bajada del cielo, que nos hace partícipes de un mundo ideal, de un mundo inmaterial, pero se trata de una paz huidiza que tan pronto viene como se va.

Sentir paz es sentir que se ha hecho lo que era necesario, que se ha dicho que debía decirse, que el don recibido ha sido trabajado y entregado al mundo como una ofrenda. No hay paz si hay culpa, remordimiento, resentimiento o rencor. **La paz es un mar calmo, un estanque apaciguado, un paisaje invernal**. Es el objetivo, el horizonte que buscamos, aquello que, de manera consciente o inconsciente, buscamos desde que somos expulsados del útero materno.

Esta paz interior es la condición ineludible para la paz exterior. La paz con el propio cuerpo es la aceptación del propio cuerpo, con sus carencias y sus posibilidades. La paz con el alma es la aceptación del alma. Es conformación, estimación, obediencia, pasividad.

No hay nada que genere más inquietud que intentar ser lo que no se es, que intentar ser lo que no se puede ser. La paz se opone a la penuria, pero también a la carencia. Se acerca a la plenitud aunque no es la plenitud: la anuncia. Estar en paz con uno mismo es conocerse y quererse, asumirse con todas las consecuencias, aceptar la propia finitud sin pesadumbre, sin pena, sin reproches.

La paz interior es la raíz de la **paz exterior.** Quien no está en paz consigo mismo difícilmente lo estará con los otros. Querrá cambiarlos, querrá que sean como él había imaginado, intentará manipularlos, transformarlos y, mientras lo intenta, perderá sus fuerzas, pero también la ilusión de vivir.

Escribe el poeta de Roda de Ter: «La paz es un espacio tiernísimo / que se gana, bien lo sabes, en solitario, / y se disfruta con el mundo por compañía».

Es una victoria solitaria, una conquista individual *que sólo tiene lugar cuando se ha vencido al caos interior y cuando se ha optado por asumir lo que es real con transparencia, sin voluntad de cambiarlo violentamente según el arbitrio o la voluntad humana.*

LA PENA

44

Nadie desea el sentimiento de pena,

pero éste hace acto de presencia en la vida como un huésped que llama sin que nadie lo espere. A veces, este huésped se queda durante una breve temporada, pero otras veces se queda mucho tiempo, tanto tiempo que el anfitrión ya no recuerda cómo era la vida antes de que éste llegara.

El drama es que, cuando este huésped llega, nadie sabe cuánto tiempo se quedará, si llega con intenciones de pasar el día o de quedarse **indefinidamente.** El anfitrión quiere expulsarlo del hogar, porque ensombrece las paredes y cuando él está no entra luz por las ventanas, pero despedirlo no depende de él, porque la pena nunca es un acto libre.

No se siente pena después de haber tomado la decisión de apenarse. La pena se siente contra su propia voluntad y, por mucho que uno se esfuerce para no sentirla, para expulsarla de su alrededor, no depende de su decisión.

La pena es un sentimiento hostil, doloroso, que siempre va ligado a la **noción de pérdida.** Sentimos pena cuando experimentamos una pérdida, cuando dejamos de poseer lo que era nuestro, cuando dejamos de ser lo que éramos, cuando dejamos de ser queridos por alguien que hasta ahora nos quería.

La pena es la constatación emocional de una pérdida. En ocasiones, irrumpe a causa de la imaginación. Cuando anticipamos mentalmente aquello que perdemos a lo largo de nuestra vida, aquello que dejaremos de ser o de tener, sentimos una pena anticipada y rompemos a llorar. La muerte causa pena más que miedo, porque representa la pérdida de la vida y tomar la vida es perder la posibilidad de cualquier actividad, de cualquier pensamiento, de cualquier acción o pasión, amor o desamor. Causa pena la propia muerte, pero también la de un ser amado, porque entristece imaginar la vida sin él.

La pena va ligada a la despedida. Es sentir que te has de despedir de un objeto, de un tiempo o de una persona cuando no tienes ninguna intención de hacerlo. Existen muchas formas de despedida: la despedida liberadora, que se espera con fruición desde hace tiempo, porque la situación era insostenible, pero también la despedida penosa, que se produce cuando la separación es violenta, cuando uno no siente el más mínimo deseo de despedirse, pero la vida, o la muerte, lo empujan a hacerlo.

No hay narcótico ni fármaco para salvarse de la pena. La pena hay que llorarla, afrontarla cara a cara. Sentirla es un modo de sentirse vivo. Los muertos no sienten pena de la despedida, pero sí la alegría del encuentro.

Los aeropuertos son pequeños laboratorios de sentimientos humanos: la pena y la alegría son los principales invitados. Hay la alegría del encuentro. Se abre la puerta y dos personas se saludan, se abrazan y lloran. ¿Quién sabe cuánto tiempo hace que no se ven? Se cierra la puerta y dos personas se despiden, lloran y se van cada una a su destino con una piedra en el pecho.

La alegría se opone a la tristeza y la pena es una de las formas más duras de tristeza que un ser humano puede vivir. Se experimenta cuando sentimos que se nos priva de un bien, cuando se nos priva de alguna cosa que necesitamos y deseamos. **Es una brecha en el alma.**

Causa pena perder lo que es singular y único, *lo que es irremplazable y ningún objeto puede sustituir. Por eso, la muerte de un ser humano querido es lo que causa más pena, porque nada ni nadie puede llenar el vacío que deja.* **Sólo hay un antídoto contra esta pena: la esperanza de reencontrarlo,** *que se abra de nuevo la puerta y poder abrazarlo con la conciencia de que no habrá más despedidas.*

LA PIEDAD

45

El sentimiento de piedad está lleno de ambigüedades. *Incluye el amor, pero también el respeto; es casi un sentido de veneración que indica una distancia, una lejanía.*

Con demasiada frecuencia se asocia la piedad a la **compasión,** pero en sentido estricto son emociones distintas. La compasión es el sentimiento de unión con el otro, evoca una profunda comunión de vida con él, con sus sufrimientos y dolores, de manera que el otro deja de ser otro, deja de ser alguien que está enfrentado conmigo, para ser alguien que forma parte de *mi* vida. Vivo en el otro y el otro vive en mí, en una unidad que **trasciende** la dimensión física.

En la piedad siempre se mantiene una diferencia, una distancia, que se construye sobre un sentimiento de inferioridad. El hombre piadoso reconoce un ser más grande que él y se postra ante él para implorarle ayuda, para rogarle con devoción. La compasión es un sentimiento de igualdad, de proximidad, de manera que el otro y yo somos uno, mientras que en la piedad el yo se postra ante el tú y, reconociendo su pequeñez, implora las gracias del tú.

Existe toda una gama de piedades, pero en todas ellas el ser humano reconoce algo más alto y más grande que él. Por ello, la raíz de la piedad es la humildad, la plena conciencia de la propia indigencia y vulnerabilidad, el reconocimiento de algo más grande, más fuerte, más sólido que la condición humana, un reconocimiento sincero y transparente, sin el más mínimo índice de resentimiento o rencor.

Existe la **piedad religiosa,** que es la apertura hacia Dios, un sentimiento de dependencia frente a su Realidad majestuosa, una vivencia que incluye el sobresalto, pero también la maravilla. En la piedad religiosa, el ser finito reconoce la infinitud y, en este reconocimiento, experimenta perplejidad, porque se adentra en un universo que no puede conocer ni dominar, pero, al mismo tiempo, siente también gratitud hacia todo aquello que proviene de Dios y que Dios le ha regalado generosamente.

La piedad religiosa no es una forma de humillación ni de destrucción de uno mismo sino el reconocimiento humilde de la grandeza de Dios. El hombre piadoso siente una intensa necesidad de arrodillarse ante el Infinito, de rendirle servidumbre, pero este acto no es vivido como sumisión ni como vasallaje sino como una forma de reconocimiento de su grandeza y como una expresión de gratitud para todo aquello que le ha sido dado.

Existe también la piedad laica, que es una forma de veneración frente a la naturaleza, un sentimiento de estima por todo aquello que existe. La piedad laica no reconoce a Dios, pero sí la grandeza de la naturaleza y el carácter efímero, fragmentario y limitado de la vida humana.

En la **piedad laica,** el pequeño fragmento es maravilla ante el Todo, el fragmento se asusta ante el mundo y se abraza a la Tierra en un intento desesperado de hacerse uno con ella. Reconoce que la Tierra lo trasciende y que él, efímero como es, es una pequeña expresión de la vida, un hijo de la Tierra, que nace de ella, vive de ella y vuelve a ella, en un ciclo eterno que está más allá de su alcance. La criatura sabe que está de paso y este saber es la lucidez del fragmento, una lucidez que hace que sienta insignificante, pero también gratitud por el hecho de existir. La piedad laica es una plegaria sin Dios, un sentimiento de respeto hacia la inmensidad del mundo, un anhelo oceánico.

Todavía existe una tercera forma de piedad, la piedad filial, que es el respeto amoroso hacia los propios padres. Confucio la despliega ampliamente en las *Analectas*. Es el sentimiento de respeto y de amor que el hijo tiene hacia sus padres. Es gratitud por todo aquello que le ha dado, pero, al mismo tiempo, afecto y obediencia; un afecto y una obediencia que se hace visible en la vejez de sus padres, cuando el hijo siente que debe de estar a su lado, que les debe dar apoyo y cuidarlos en un signo de gratitud.

Es un sentimiento de deber, **pero también de reconocimiento.**

LA PLENITUD

46

Sentir la plenitud es la conquista de quien lo ha dado todo. *No es un estado de gracia: la plenitud es el fruto de una vida. No es un regalo sino una victoria.* **Nacemos con todo tipo de carencias,** *crecemos con todo tipo de penurias y morimos repletos de achaques,* **pero tenemos el potencial de dar aquello que somos a los otros,** *de darlo a cada instante, de regalarlo generosamente.*

Al hacerlo, al darnos, al liberarnos del instinto posesivo y egocéntrico que nos encierra dentro de la jaula del ego, mejoramos el mundo y experimentamos sentido. La plenitud es aquel estado de **bienestar espiritual** que emerge cuando uno lo ha dado todo, cuando ya no le queda nada más para dar. Es un bienestar que no se puede comprar, ni vender, tampoco hay atajos ni escondites para vivirla a bajo coste. La donación es la única vía posible.

Se siente lleno de vida quien ha dado todo a sus hijos y a sus nietos y, gracias a esa donación suya, ellos han crecido y madurado. Siente plenitud el profesor que ha dado todo en las aulas y que todo lo que ha dado ha hecho crecer decenas de promociones. Siente plenitud la enfermera que ha dado toda su pericia y sus conocimientos para mejorar la calidad de vida de sus pacientes y paliar su dolor. Siente que tiene sentido lo que ha hecho, siente que ha valido la pena la fatiga, el cansancio, el trabajo. Se siente agotada, pero plena, porque sabe que su fatiga no ha sido **en vano.** Quizá no habrá reconocimiento, quizá no habrá gratitud ni aplausos, pero la plenitud no depende de los otros, depende de uno mismo, de la conciencia de haber hecho lo que era necesario hacer y haberlo dado todo, sin ahorrar esfuerzos.

A priori, puede parece una contradicción, pero no lo es. **La donación es el camino de la plenitud.** Los hombres y las mujeres que experimentan más plenitud en su vida son quienes más han dado, quienes no han guardado nada para sí mismos, quienes se han vaciado y, precisamente, cuando se han vaciado es cuando experimentan plenitud. Sienten que su itinerario ha sido valioso, que han sembrado belleza y bondad, que su vida no ha sido estéril, que han dejado un rastro luminoso.

El sentimiento de plenitud es la constatación que uno experimenta cuando ha dado todo lo que ha podido, cuando vive una vida **dotada de sentido,** cuando el resultado de la acción es bello y es bueno y mejora cualitativamente la calidad de vida de los otros. Siempre viene precedida por el trabajo, por el sufrimiento, por el esfuerzo y por la abnegación. Sólo quien ha dado todo puede sentir esta plenitud que viene del fondo del alma, de la conciencia de que uno se ha entregado totalmente a la finalidad de su vida.

La plenitud no es el placer, tampoco es la comodidad ni el bienestar material. Su opuesto es el vacío, la sensación de falta de sentido. La plenitud es un sentimiento que nace de las profundidades humanas. No depende del estómago, tampoco de las sábanas de seda. El placer toca la esfera sensitiva, la comodidad tiene que ver con el bienestar del cuerpo, pero la plenitud se vincula directamente con el alma.

Siente la plenitud quien ha culminado su propósito, quien ha hecho realidad sus sueños, quien ha visto realizado su objetivo. **La plenitud se opone a la carencia**. Mientras uno siente que falta alguna cosa no alcanza la plenitud, porque la plenitud es este sentimiento de haber coronado el objetivo, de haber cumplido con las aspiraciones. Es la mirada de satisfacción que el labrador proyecta sobre su tierra después de entregado todo su sudor.

La carencia es consustancial al ser humano. Somos seres carenciales desde que nacemos hasta que morimos. El verdadero antídoto no consiste a recibir, no radica en esperar que los vacíos sean llenados desde fuera. El antídoto contra la carencia es la donación.

La donación hace que sintamos la plenitud, pero no nos salva de la muerte.
Hace que valga la pena vivir esta vida, hace que sintamos que no ha sido en vano ni absurda.

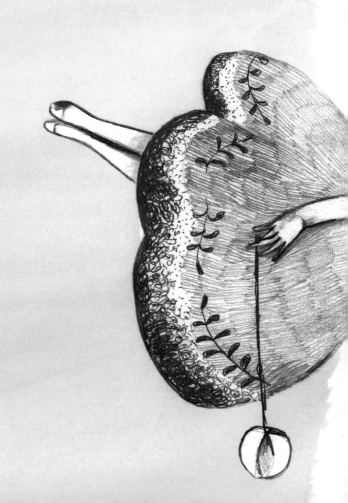

EL PUDOR

47

El pudor es un sentimiento de reserva que delimita un espacio privado y se convierte en un sistema de defensa *ante la mirada invasiva del otro. Va estrechamente ligado al sentido de intimidad.* **Es un mecanismo de protección** *que marca un recinto personal, único, intransferible, que tiene como finalidad aislar el yo del mundo, ser ajeno a la mirada externa.*

Sentir pudor es sentir que no puedo mostrar a la luz pública este recinto privado, que no puedo revelarlo, que debo conservarlo para mí y no comunicarlo. **Es una forma de autocontención,** de manera que, cuando por los motivos que sean, me siento obligado a revelarlo o bien alguien se ha colado en nuestro espacio sin permiso, experimento vergüenza. El sentimiento de pudor es profundamente humano, pero emerge cuando uno es capaz de distinguir entre la esfera pública y la privada, entre lo que pertenece a todos y aquello que sólo pertenece a uno mismo.

Cuando el otro, sin permiso, invade el espacio íntimo y se adentra en la esfera de la privacidad, se experimenta violencia, una sensación de desnudez que indigna. No me refiero a la desnudez física sino a la desnudez emocional, mental y espiritual. El pudor nos preserva de mostrarnos desnudos, es un sentimiento que nos impele a maquillarnos, vestirnos, ponernos una máscara para salir a la calle. ¿Con qué finalidad? **Protegernos del mundo.**

Escribe Miquel Martí i Pol: «Tal vez la costumbre / te ha convertido en este personaje / hierático y solemne que malvive / entre el miedo terrible a verse desnudo / y el terrible deseo de desnudarse».

Nadie sabe, por lo pronto, dónde empieza y dónde termina la esfera privada del otro, su jardín secreto. No vale proyectar, porque cada persona es un mundo. El pudor no es un signo arcaico ni un movimiento anacrónico. Es un mecanismo de defensa, una manera de preservarse del mundo y vindicar el propio yo, de preservarlo de la disolución en la mirada del otro. Expresa el deseo de ser sujeto y no puro objeto, alguien y no una mera cosa en compraventa.

Adán y Eva se taparon con hojas de parra. Sintieron la necesidad de cubrirse, de esconderse de la mirada de Dios, porque se sentían sucios, porque no podían soportar el juicio de Dios.

Escondemos lo que nos **afea,** también lo que nos avergüenza: los trapos sucios, las miserias y las naderías de la vida cotidiana, también aquello que nos hace distintos y que los otros podrían censurar. Sentimos que nadie debe saberlo, porque tenemos miedo al uso que hará de aquella información.

Cuando sentimos intensamente la necesidad de revelarlo, buscamos desesperadamente un confidente, alguien digno de confianza, alguien que creemos que guardará celosamente lo que le mostremos.

La búsqueda del confidente es muy intuitiva. *No hay pruebas ni un perfil automático del bueno confidente. En un abrir y cerrar de ojos, cedemos la confianza a alguien y le revelamos el jardín secreto. Cuando lo hacemos, somos mucho más vulnerables, mucho más frágiles al ataque, pero corremos el riesgo porque* **sentimos la imperiosa necesidad de comunicar lo que nos hace sufrir y nos duele.**

EL REMORDIMIENTO

48

El remordimiento es una emoción que causa pena, inquietud e incluso tormento. *No es agradable vivirla. Tampoco depende de un acto de la voluntad ni de una decisión tomada en un momento determinado. Aparece. Se puede reconocer o no, se puede tratar de ignorar, pero cuando irrumpe causa un profundo malestar en el alma. Nadie quiere sentir remordimiento y huimos de cualquier persona que activa esta emoción.* **Los fabricantes de remordimiento y de culpa nunca son bienvenidos.**

Es una sensación extraña, cíclica, que vuelve, una vez y otra, en el momento menos pensado, propiciada por el silencio o por una música que hace viajar el alma a años atrás. En un momento dado, aflora el pasado, el presente queda en un segundo plano y uno siente un aguijonazo de dolor al comprobar que no ha actuado como correspondía.

El silencio es especialmente proclive a despertar este tipo de estado de ánimo. Por eso huimos de él como de la peste y buscamos todo tipo de ruidos para protegernos de nosotros mismos. El ruido es el antídoto perfecto contra el enfrentamiento silencioso de uno consigo mismo, uno de los **mecanismos de evasión** más potentes que ha diseñado el ser humano para sobrevivir a su pasado.

No hay nada más exigente que el autoexamen. En este análisis uno no se puede esconder, no se puede excusar, no encuentra paliativos de ningún tipo a su falta, tampoco puede escudarse con excusas de mal pagador. El remordimiento es una emoción que nace de este juicio duro, transparente, limpio sobre uno mismo, de este juicio implacable que hace que uno se sienta miserable y urgido de perdón.

En el remordimiento, aquel episodio doloroso del pasado que parecía definitivamente archivado en el baúl del olvido vuelve a hacerse plenamente presente en la conciencia y muerde. Literalmente, muerde por dentro: ésta es la sensación que da el remordimiento. El resentido también sufre a causa del pasado. Se ha sentido maltratado, injustamente valorado, y este agravio comparativo lo persigue, se siente una víctima de la historia, de la escuela, de la familia, del trabajo. El remordimiento también es una emoción profundamente ligada a la memoria, pero nace de una vivencia distinta.

El recuerdo de haber causado un mal, de haber traicionado, ofendido o perjudicado a alguien en el pasado aflora a la conciencia y causa malestar. No es la experiencia de la culpa: el remordimiento es cíclico, vuelve una vez y otra, incluso después de haber recibido el perdón de la víctima. El remordimiento es fruto de un análisis del pasado, un **análisis valorativo,** pero a la vez de una incapacidad para asumir el propio error y de un alto sentido de la exigencia que hace uno que no se perdone a sí mismo lo que hizo, aunque haya recibido el don del perdón.

La memoria humana no es puramente lógica sino que es, sobre todo, emocional. Al recordar lo que se ha hecho, lo que se ha dicho, lo que se ha dejado de hacer y de decir, se hace un juicio sobre aquello vivido y, al hacerlo, se abre la puerta al remordimiento.

Los recuerdos despiertan emociones y alteran nuestro cuerpo. La música activa este viaje hacia el pasado y, de pronto, uno se olvida del presente y se encuentra invadido por un episodio del pasado y romper a llorar. La música, de manera imprevista, activa todo aquel proceso, porque tiene el poder de conectarnos con el pasado y el pasado personal nunca es neutral ni un mero objeto en el desván. Es un material altamente sensible envuelto con tejidos emocionales como el resentimiento, la nostalgia, la melancolía o el remordimiento.

El antídoto contra el remordimiento es la **reconciliación** con uno mismo y con la víctima. No hay fármacos, ni terapias, tampoco fórmulas magistrales para apaciguarlo. Escurrir el bulto no es la solución. Es, sencillamente, emplazar el drama para más adelante.

Implorar el perdón es el único modo de deshacerse del remordimiento, *pero a veces ni siquiera el perdón que otorga la víctima puede curar, porque el remordimiento tiene tanta intensidad que conduce a la destrucción.*

LA SERENIDAD

49

La mejor imagen para describir un corazón sereno es la de un estanque de montaña. *El agua quieta, transparente, nítida, es como un espejo plano que contrasta con las aristas de las rocas que se apilan en el cantizal. Un estanque limpio y diáfano es un espejo que refleja claramente el rostro del caminante. No engaña, no traiciona, no distorsiona, no esconde el sudor, ni las arrugas, no simula nada.* **En el estanque se ve reflejado tal y como es.**

La serenidad nace de la aceptación feliz de uno mismo, pero este nacimiento sólo tiene lugar cuando uno ha dejado de perseguir lo que no es, cuando se reconcilia con su naturaleza y no experimenta la necesidad de jugar a ser lo que no es ni a tratar de ser lo que los otros esperan que sea. En el estado de serenidad no hay expectativas, no hay carencia, ni prisa, no hay culpa, tampoco **rencor.**

Es la percepción interior de la reconciliación y, como tal, el fruto de una conquista. La serenidad nunca es casualidad. No llega por azar ni es un don generoso. No es la culminación del deseo sino la capacidad de vivirlo con actitud desprendida. **Es la paz con uno mismo,** la reconciliación con la propia memoria, la aceptación gozosa del propio ser. No es la impasibilidad, tampoco la indiferencia del mundo; la serenidad es la vivencia agradecida de existir, la sensación de que no hay que demostrar nada a nadie, de que no se tiene que proyectar nada, de que todo está bien como está y que la felicidad empieza ahora.

Escribe Miquel Martí i Pol: «No pienses nunca que es tarde y no hagas preguntas. / Empápate de horizontes. / Aun cansado, / en cada gesto te sentirás renacer».

Los dos principales obstáculos de la serenidad son la memoria herida, el pasado que regresa cíclicamente y emponzoña el alma con episodios que tuvieron lugar hace años, pero también la preocupación por el futuro que usurpa el ahora y secuestra el presente. No esperar nada, no recordar nada; sentirse integrado en el presente, reconciliado con la propia naturaleza, sin el más mínimo deseo de cambiar a nadie: en esto consiste la serenidad que, en sentido estricto, no es una emoción sino uno estado que **endulza** todas las emociones.

Como lúcidamente muestra Martin Heidegger, la serenidad es el estado de pacificación que se alcanza cuando se ha tenido la valentía de dejar ir o, más todavía, de dejarse llevar. Es arduo dejar ir, dejar hacer, dejar ser. El instinto posesivo, el anhelo de dominar y de controlar emerge de las profundidades humanas y pretende someter todo al a propia voluntad. Mientras este anhelo permanece vivo, no hay serenidad, no hay ni puede haber, porque todo debe someterse al propio control.

El lazo, la dependencia, la voluntad de dominar y controlar aquello que es real conmueve, trastorna, altera y es fuente de todo tipo de sufrimientos. La serenidad es la victoria sobre la más difícil de las luchas, la que se da en el fuero interno y que tiene, como misión, dejar ir, ceder poder, renunciar a querer contarlo todo; consiste en ponerse en manos de la realidad, **aceptándola tal y como es,** queriéndola tal y como es, sin voluntad de cambiarla, de transformarla, de convertirla en argumento de nuestros sueños.

Dice Thomas Merton que el sabio no actúa por sí mismo, todavía menos por su propio interés. Su acción no es una manipulación violenta de la realidad exterior, un ataque contra el mundo externo, sometiéndolo a su voluntad conquistadora: al contrario, respeta la realidad exterior sometiéndose a ella y su sometimiento es al mismo tiempo un acto de adoración, un reconocimiento de su carácter sagrado y cumplimiento perfecto de aquello que la situación precisa exige. Sabe que el mundo es un recipiente sagrado que no debe dañarse ni intentar coger. Deja que todo fluya como tiene que fluir. No tiene necesidad de apropiarse de nada. Sabe que coger la rosa es perderla para siempre.

La serenidad nace de la sabiduría
de dejar ser y dejar hacer.

LA SOLEDAD

50

El sentimiento de soledad es la sensación de estar completamente aislado de todo y de todos. *Significa no tener relación con nadie, estar completamente incomunicado.* **A veces, irrumpe en el momento menos esperado.** *Uno puede estar acompañado de su familia, encontrarse en medio de una multitud, en la oficina y, no obstante, tener esta sensación de total y absoluta soledad.*

Una de las principales razones por las que sufrimos es el sentimiento de absoluta soledad. Es sentir que uno no tiene nadie de quien depender, que no tiene relación con nadie, que se encuentra totalmente aislado. La soledad no buscada, la que irrumpe como una intrusa en medio del alma, es una sensación de **vacío,** de no tener nada, de estar extraordinariamente instalado en la inseguridad, de no tener dónde lanzar el ancla. No es desesperación ni falta de esperanza; la soledad es vacuidad o frustración. Es una sensación de dolor real e inextinguible, un dolor que no se puede disimular aunque lo intentemos.

Se hace lo que sea por huir de la soledad, cualquier operación nos parece legítima para ocultarla. Nuestra preocupación consciente o inconsciente parece que es evitarla o superarla. Tanto evitar la soledad como tratar de superarla son intentos igualmente inútiles. Las diversiones y la bebida no pueden sofocarla. Cuando las risas y los efectos de la bebida han desaparecido, el miedo a la soledad regresa.

Para huir de la soledad se busca el mayor número de actividades posibles. La mayoría de esta gente está constantemente ocupada en algo, **porque temen estar a solas.** Esta enorme estructura de entretenimientos, de distracción automatizada, es una parte prominente de lo que se llama civilización.

El miedo a estar solos es el miedo al vacío que acompaña siempre a la soledad. Se intenta llenar con diversas clases de conocimientos, de relaciones o de cosas. Se procuran todos los medios para llenar este vacío, pero ninguno funciona. Algunos se aferran a un gurú, otros a los libros; hay quien lleva una desesperada actividad laboral, social, política o cultural, pero todo es en vano.

La **mente huye del vacío.** Prefiere estar ocupada con una cosa o con otra, por insignificante que sean éstas; la cuestión es tener los pensamientos ocupados. Como un mono inquieto, está siempre en acción, hablando, moviéndose de una cosa hacia otra y de esta manera intenta, desesperadamente, aquietarse. Una mente ocupada nunca puede penetrar en su propia profundidad; da vueltas en la superficie, cada vez más veloz y, al mismo tiempo, más fatigada.

La soledad es paradójica. Se teme porque causa sufrimiento, pero, al mismo tiempo, existe la soledad creativa que permite hacer múltiples operaciones y que es enormemente beneficiosa. Es la **soledad buscada.**

Nunca estamos totalmente solos. Somos un conjunto de influencias sociales, religiosas, económicas, hereditarias, climáticas. A través de todas estas influencias intentamos buscar algo más allá y, si no podemos encontrarlo, lo inventamos y nos aferramos a nuestras invenciones.

Cuando se perforan estas capas de influencias y de imposiciones externas, nos reconocemos a nosotros mismos en una soledad exenta de toda influencia, limpia, que permite el reencuentro con uno mismo.

Esta soledad contiene también **belleza**. Cuando después de un arduo esfuerzo el ser humano se libera de la estructura social de la codicia, de la envidia, de la ambición, de la arrogancia, del éxito y de la lucha por una posición, cuando se libera de todas estas cadenas, experimenta una gran belleza, una sensación de tremenda energía.

Cuando ha alcanzado este estadio, uno empieza a comprender la necesidad de vivir consigo mismo, *conforme a su esencia.*

LA TERNURA

51

La ternura es una bella emoción. *Es discreta y callada, casi invisible, no se siente con tanta intensidad como el amor o el odio, como la euforia o la desesperación, pero es una posibilidad humana siempre latente cuando el corazón está vivo y se expresa con libertad.* **Es un sentimiento extraño, una forma de estima, pero, al mismo tiempo, de piedad.**

Sentir ternura es calificado, a veces, de **debilidad,** incluso es censurado en determinados contextos. A los hombres nos está vetado enternecernos, todavía más llorar, emocionarnos públicamente con el canto de tu hija o el obsequio inesperado de tu hijo pequeño, porque tenemos que mantener la apariencia de firmeza. El corazón, sin embargo, late bajo la coraza y, por mucho que se quiera ahogarlo, necesita liberar sus sentimientos y mostrarlos. Nos hemos acostumbrado a llorar por dentro, sin que se note, pero, aun así, lloramos, porque llorar es humano, una expresión de vida.

Enternecerse no es un acto de debilidad ni una expresión de infantilismo. En la cultura machista que predomina en nuestro mundo se concede la ternura a los niños, también a los ancianos y a las mujeres, pero a los hombres adultos. No se censura en un niño que se enternezca, tampoco en una madre que llore al leer una carta de sus hijitos, todavía menos a los ancianos. Se les concede como una expresión de su debilidad y decrepitud, pero a los hombres adultos se nos prohíbe.

La expresión más clara y nítida de la ternura es el llanto. El llanto es una forma de lenguaje, un poderoso mecanismo expresivo. Es tan intenso y valioso como el grito, el gesto, el suspiro o la risa. La ternura suscita el llanto, pero no sólo la ternura: también la rabia, la impotencia, la compasión, la piedad, el gozo y la euforia. El mismo fenómeno —las lágrimas— expresa, a la vez, emociones dialécticamente contrapuestas. El llanto es rico en diversidad de significado. Hay una gama de llantos que sólo el observador lúcido sabe distinguir.

Cuando nos enternecemos, rompemos a llorar. Las lágrimas y los suspiros, como advierte Ramon Llull en *El libro del Amigo y del Amado*, son frutos del Árbol del Amor. La ternura es una expresión del amor, pero también lo son el enamoramiento, la compasión y la benevolencia. Sólo puede enternecerse quien ama, quien siente un lazo afectivo con otros y se admira de la inocencia que sobrevive en el mundo.

Calificar el enternecimiento de cursi es un mecanismo de huida, una **forma de evasión.** La ternura es la liberación del corazón y un corazón liberado siempre es un elemento peligroso, porque no se puede prever aquello que le pueda pasar. Por eso se tiende a censurarlo y aponer bajo el control de la razón.

Sentimos ternura cuando la inocencia se nos muestra a plena luz del día, cuando detectamos vestigios de ingenuidad y de pureza en el mundo. El niño pregunta y su pregunta nos enternece, porque es tan espontánea y tan inocente que nos comunica con un universo definitivamente perdido.

Nos enternecemos al recordar el primer amor, el primer beso, el primer abrazo, porque entramos en un reino desaparecido, en un rincón de la conciencia, en una esfera de pureza, de virginidad. Entonces éramos inexpertos, todo era nuevo. Empezábamos.

La ternura es un movimiento del corazón, *pero también una mirada sobre el mundo.*

LA TRISTEZA

52

Junto con la alegría, la tristeza es, como dice René Descartes, una de las grandes pasiones del alma. *Se oponen mutuamente, pero al mismo tiempo se alimentan la una a la otra.* **Cuando llega la tristeza, la alegría desaparece** *y, cuando la alegría irrumpe, la tristeza es ahuyentada, pero sólo si hemos estado alegres podemos saber, verdaderamente, qué es la tristeza, y viceversa.*

La tristeza no es al indiferencia ni la apatía de espíritu, tampoco es la acritud del corazón ni la acidia. **Es un estado emocional bajo que conduce a la inactividad.** Es como estar apagado, como si aquella voluntad de vivir que mueve todos los tejidos y los órganos de la persona se detuviera; la tristeza es vivir maquinalmente, arrastrando los pies de un lado a otro. Frena el dinamismo vital, porque le falta aquel empuje creativo que inspira la alegría.

Existe la tristeza que viene y se va, que fluye como un río, como la misma vida, pero también existe la patológica que permanece dentro del ser y se aquieta como el agua de un estanque. Toda tristeza tiene una causa, aunque no siempre somos capaces de identificarla, de hacerla aflorar en el plano de la conciencia. Saber por qué se está triste es un primer paso en el camino de la liberación. El drama es cuando la tristeza llega, se instala dentro de la casa de uno y nadie sabe por qué ha llegado ni cuánto tiempo estará allí.

Con frecuencia nos sentimos tristes, pero no sabemos exactamente por qué, incluso rompemos a llorar, pero desconocemos los motivos que nos han conducido a ese estado de ánimo. Un pensamiento, un recuerdo, una herida, una noticia, un golpe bajo pueden ser las razones de la misma. La tristeza nunca es consecuencia del azar. **Aparece, no es buscada.** Como dice Baruch Spinoza, es la emoción que más molesta al florecer de la vida humana. Ataca directamente a la autoestima, deshace el equilibrio emocional y todo se ve distinto. Los horizontes quedan anulados, todo el espacio está enjaulado.

Existe la tristeza razonable, pero también la enfermiza. Estar triste porque se ha muerto un ser querido, porque se ha fracasado en un proyecto en que se habían puesto ilusiones, porque un amigo sufre una enfermedad grave, es razonable. Sería inhumano ser indiferente a estas situaciones, seguir el curso vital como si nada hubiera pasado.

Los vínculos son una fuente de alegría, pero también causa de estados de tristeza. La tristeza deriva de nuestra conexión con los otros, de la contingencia y de la vulnerabilidad que nos constituye y que nos hace dependientes los unos de los otros de manera que cuando los seres que estimamos sufren, irremisiblemente, nos entristecemos.

Hay que afrontar la tristeza. No se afronta negándola, menos todavía disimulándola. Hay que conocer las causas y disponerse a superarla. También hay que saber hospedarla, como cualquier huésped que llega, pero nunca llega a ser dependiente de ella ni recrearse en ella para así evitar la caída en el victimismo.

La tristeza enfermiza requiere un tratamiento específico y una atención médica. No se puede ignorar, pero tampoco se puede afrontar con mecanismos meramente humanos. Hay que contar con la tristeza, ser conscientes de que llegará, tarde o temprano, antes o después.

Es el otoño de la vida, *pero el círculo vital incluye también la primavera y la primavera es la mejor metáfora de la alegría.*

EL VACÍO

53

Cuando se experimenta el vacío, nada llena, nada satisface, *ningún trabajo responde a la vocación primordial, ninguna relación sacia la sed de ternura y de amor que suplica el corazón, ninguna tierra causa admiración, ningún paisaje aquieta el alma, ningún alimento satisface, ninguna diversión evade.* **Todo es poco. Todo es nada.** *Eso es el vacío, un profundo sentimiento de carencia, una carencia que se perpetúa y se agranda.*

Imposible disimularla en la soledad, imposible poner buena cara y seguir representando el papel asignado en la gran comedia del mundo como si no pasara nada. El actor está roto por dentro, no tiene ánimo ni para salir al escenario, no se cree el papel representa, se siente ridículo, extraño, un histrión que consume su vida en un papel que no representa su ser. Aquello que le falta es tan singular que nada puede suplirlo y **se siente vacío,** agujereado por dentro.

El vacío es la percepción subjetiva de una ausencia, del hecho de que falta alguna cosa. El vaso, que estaba lleno de agua, se ha vaciado y ahora siente, de nuevo, el deseo de acoger el agua, de sentir su frescor, su fluidez y transparencia. La anhela, la desea, la busca, pero nada se le parece. Acoge otros líquidos, todo tipo de alimentos, pero el recuerdo del agua lo hiere profundamente, porque ningún líquido posee las virtudes del agua. Quiere aquello que antes lo llenaba y cualquier otra cosa que viertan en él no conseguirá llenarlo.

Sólo se puede sentir el vacío quien ha estado lleno, quien ha experimentado una presencia luminosa dentro de su ser y siente que se ha apagado. El vacío es la antítesis de la plenitud, como el día se opone a la noche. Cuando se ha hecho de noche, se recuerda la potencia del sol y quien ha sentido su luminosidad y su calor sabe que no hay linterna que pueda sustituirlo. Sólo la presencia que ha se ha ido redime el sentimiento de vacío.

Algunos, para consolarse a sí mismos, dirán que aquello era un sueño, un puro espejismo, que no hay sol, ni agua, que la plenitud es una ficción, pero por más esfuerzos que hagan, se dan cuenta de la cruda realidad. Quien ha acogido agua dentro de su ser sabe que nada se le parece. Nadie lo convencerá y, aunque pasen años, buscará, de nuevo, aquella presencia que lo llenaba. Mientras, trotará por este mundo, con desazón, buscando aquello que no tiene.

El vacío es aquel estado emocional que queda cuando se ha ido esa presencia que llenaba el espacio interior. Entonces se echa de menos y se busca por todos lados, pero no hay nadie. Uno se siente solo en medio del espacio y lo único que escucha es su eco. El espacio interior ha quedado vacío; todo aquello que estaba ahí se ha esfumado y se echa de menos. El vacío es **irresistible** y, cuando se sufre de verdad, se trata de llenar, de nuevo, el espacio interior.

El horror al vacío conduce a buscar todo tipo de analgésicos. En el gran escaparate del mundo, hay mucho donde escoger. Al fin, se compra felicidad al precio de rebajas. Nada, sin embargo, llena como aquello que antes estaba ahí. Quizá porque aquella presencia se ha idealizado con el tiempo, quizá porque aquello que llenaba no era de este mundo, el caso es que quien siente el vacío en su interior busca desesperadamente por el mundo los vestigios que ha dejado aquella presencia al irse.

Por mucho que busque lo que le falta, no lo encuentra y se cansa de dar tumbos para nada. Empieza una relación, pero no lo llena. Al empezar otra, acaba experimentando la misma sensación. Inicia un trabajo, pero no lo llena; empieza otro y, al cabo de poco tiempo, se desilusiona. Mariposea de flor en flor para encontrar su hogar, pero sólo se encuentra con habitaciones de hotel.

El vacío es una brecha en el alma. Es tan profundo y oscuro que no se puede medir. No hay barómetros para sospesar los sufrimientos del espíritu. Es la antítesis de la plenitud, la emoción que emerge de las entrañas cuando se ha dado todo y no queda nada más para dar; cuando se ha creído en todo y nada es como esperábamos; cuando se ha esperado todo y nada se ha hecho realidad. Es el desánimo absoluto, la principal pulsión de muerte.

El verdadero antídoto contra el vacío es el sentido. Es necesario no desfallecer en este objetivo. La percepción interior del sentido es la plenitud. Cuando el actor se da cuenta de que su papel tiene sentido en el mundo, experimenta la plenitud. Cuando ve que desarrolla una misión que nadie más puede realizar, siente que su vida es valiosa y el vacío de existir se disuelve. Se siente con energía, con ganas de vivir.

El sentido no se compra ni se vende. *No es una mercancía. Vivir con sentido es el único modo de redimirse del vacío,* el único antídoto poderoso contra el sentimiento de carencia.

LA VENGANZA

54

El deseo de venganza no nace por casualidad. *Es la inmediata consecuencia de una ofensa, una herida sentida en el propio ser que busca, por cualquier atajo, ser curada.*

La venganza no es anónima; tiene un destinatario claro y se proyecta hacia una persona en concreto, hacia el agente que ha causado la ofensa. Con mucha frecuencia, la petición de justicia no es otra cosa que un anhelo simulado de venganza. El grito «¡Que se haga justicia!» esconde, con mucha frecuencia, otro deseo: «¡Que el verdugo pague por lo que ha hecho!».

La venganza no es la justicia. Es desear el mal, mientras la justicia es dar a cada uno lo que le corresponde; la justicia es una virtud que tiene como finalidad la equidad, la igualdad de oportunidades, restituir un bien. La venganza ofusca la mente, hace difícil elaborar un juicio reflexivo y crítico sobre lo que ha ocurrido, aleja de cualquier objetividad, porque el anhelo de mal es tan intenso que sólo busca un fin: destruir, corromper.

La persona que sufre esta pasión no atiende a razones, no trata de comprender, no se ve capaz de perdonar. Sólo quiere compensar el mal que ha sufrido, causando mal a quien se lo ha causado antes. Este mal que quiere causar es muy superior al sufrido, porque sólo así entiende que puede satisfacer su deseo de venganza.

La venganza desbocada abre un proceso de acción y de reacción que tiene graves consecuencias. La violencia genera, de rebote, una nueva respuesta violenta que, a su vez, suscita otra más, en una espiral que cada vez se hace más y más profunda. La solución a la ofensa no es la venganza sino la justicia, el perdón y la reconciliación.

El artífice del sufrimiento tiene que reconocer el sufrimiento causado y resarcir, en la medida de sus posibilidades, el bien que ha usurpado. Vengarse no garantiza el retorno a la situación original. **Matar al hijo del verdugo no devuelve el hijo a la víctima.** Puede causarle una satisfacción inmediata comprobar que el otro sufre, pero nadie puede devolverle a su hijo, ni siquiera el verdugo, por más que se arrepienta. Causar mal no cura ni aligera el mal sufrido.

Éste es el verdadero drama de la venganza: su impotencia, su radical vulnerabilidad, la frustración que siempre mira en la última habitación. Es frustrante porque no tiene potencia ni capacidad para aquietar el alma ni para transportarnos a la situación ideal, al estado anterior a la ofensa recibida. En lugar de liberarla, emponzoña el alma, le hace creer que, si se desquita, se aquietará, pero eso es radicalmente falso.

Causar mal a alguien, hacer sufrir al ofensor, arrollarlo, ver cómo sufre, no aquieta el alma, porque el ser humano sólo experimenta serenidad cuando participa de aquella belleza, de aquel bien y de aquella verdad que busca, entre las sombras, desesperadamente.

El deseo de venganza parece la reacción natural contra el mal que se ha sufrido. No vivimos más allá del bien y del mal. En la venganza hay un anhelo de compensación. Tiene, pues, su racionalidad, pero le falta la potencia del **perdón.**

En el fondo de la venganza hay un anhelo desesperado de justicia. *Se quiere compensar lo que se ha hecho, se quiere restituir desde un plano distinto.* **Expresa el rechazo a una realidad que no deja de ser un escenario de crímenes, de corrupciones y de constantes vejaciones.**

LA VERGÜENZA

55

La vergüenza es una emoción que altera profundamente el cuerpo. *Todos hemos notado sus efectos: enrojecemos y el corazón acelera su ritmo. Como escribe John Rawls, no surge de una pérdida o de una ausencia de bienes sino de la herida que sufre la autoestima al no ejercer ciertas excelencias.*

La falta de cosas buenas es un motivo de lamentación, incluso de indignación, pero no de vergüenza. Uno puede estar avergonzado de su aspecto o de la falta de agudeza mental, pero no del hecho que otro tenga más propiedades que uno.

La vergüenza, como la indignación o el enamoramiento, no es un acto voluntario, un estado que uno decida vivir después de haber deliberado sobre ello. Sencillamente, **aparece.** Uno se siente avergonzado sin quererlo, porque no es una emoción agradable, aunque también tiene efectos positivos.

Este sentimiento surge a propósito de carencias en nuestra persona o de actos o atributos que las hacen evidentes y que manifiestan la pérdida o la falta de propiedades que las otras personas y nosotros mismos encontraríamos racional tener.

Es nuestro plan de vida aquello que determina de qué nos sentimos avergonzados y, por tanto, los sentimientos de vergüenza son relativos a nuestras aspiraciones, a aquello que intentamos hacer y con quienes deseamos asociarnos. Tendemos a avergonzarnos de aquellos defectos de nuestra persona y de aquellos fracasos de nuestras acciones que indican una pérdida o una ausencia de las cualidades que son esenciales para llevar a cabo nuestros objetivos.

Existe, además, la vergüenza en un **sentido moral.** Lo experimentamos cuando no hemos conseguido dominarnos. Uno se siente avergonzado moralmente cuando ha fracasado en el autodominio y ha dicho lo que no quería decir, ha hecho lo que no pretendía hacer o se ha dejado llevar por la ira, la rabia, el odio, el resentimiento o el orgullo. Cuando pasa esto, uno tiene miedo de que los otros lo rechacen y lo encuentren menospreciable, objeto de burla. Con su comportamiento, pone de manifiesto que carece de una serie de cualidades que aprecia y a las cuales aspira.

Hay que diferenciar entre la vergüenza y la culpa. Ambas emociones pueden ser ocasionadas por la misma acción, pero no se explican de la misma manera.

Uno se siente culpable cuando ha actuado contrariamente al sentido de aquello correcto y justo. Se da cuenta de que ha sido incoherente, que ha vulnerado sus principios de acción. Suponemos que ha promovido sus intereses, que ha transgredido los derechos de los otros; la consecuencia es que se siente culpable. Ve que los otros se indignarán y estarán resentidos con su propia conducta, teme la relación airada a la que tienen derecho y que haya represalias. La vergüenza, en cambio, no nace de haber vulnerado los propios principios sino de haberse dominado pasionalmente.

Nos avergonzamos porque nos hemos dado cuenta de que hemos abroncado o hemos zarandeado a alguien, en lugar de dominarnos y responder adecuadamente. Incluso cuando se mereciera nuestro enojo, nos avergüenza haber reaccionado visceralmente.

Existe, finalmente, una tercera forma de vergüenza: la **vergüenza aje-na**. Es la que experimentamos a causa de las actitudes y las formas que adopta otra persona. Nos avergonzamos de lo que dice y hace, porque entendemos que ha transgredido los mínimos éticos exigibles. Y lo que nos avergüenza es que ella no se avergüence, que lo haga con la cabeza bien alta, sin conciencia del mal que causa a los otros y a sí misma.

La vergüenza, en cualquiera de sus formas, no se puede calificar, todavía, de virtud, porque no es un hábito que perfeccione ni una excelencia del carácter, pero es un indicio de vida interior y sólo puede tener lugar si uno toma conciencia de *qué* hace, de *cómo* lo hace, de sus debilidades y flaquezas.

En tanto que emoción, la vergüenza es un indicador de nuestra humanidad, *pero también puede llegar a ser una barrera para el crecimiento personal, una jaula que limite el campo expresivo de la persona y el desarrollo de todo su potencial creativo. Sentir vergüenza a la hora de expresar los propios pensamientos, de manifestar las propias emociones, no puede ser en ningún caso positivo, porque* **actúa con una censura invisible, como una castración del gozo de comunicar.**

Bibliografía

BUBER, M. *El camí de l'Home. La persona humana segons l'ensenyança hassídica*, Pagès Editors, Lérida, 2007.

CAMPS, V. *El gobierno de las emociones*, Herder, Barcelona, 2011.

HEIDEGGER, M. *Serenidad*, Ediciones del Serbal, Barcelona, 2002.

KIERKEGAARD, S. *Tres discursos en ocasions suposades*, Proteus, Barcelona, 2011.

—, *La época presente*, Trotta, Madrid, 2012.

—, *Las obras del amor*, Sígueme, Salamanca, 2003.

KRISHNAMURTI, J. *Reflexiones sobre el ser*, Errepan, Buenos Aires, 1999.

—, *El amor y la soledad*, Planeta, Buenos Aires, 1996.

—, *La libertad interior*, Kairós, Barcelona, 1996.

MARTÍ I POL, M. *Pensaments*, Pòrtic, Barcelona, 2007.

MERTON, T. *Místics i mestres. De l'espiritualitat cristiana al budisme zen*, Pagès Editors, Lérida, 2007.

RAWLS, J. *Una teoria de la justícia*, Accent, Gerona, 2010.

RUSSELL, B. *En què crec jo*, Proteus, Barcelona, 2012.

STEIN, E. *El problema de la empatía*, Trotta, Madrid, 2004.

TORRALBA, F. *L'amor que ve de dins*, Ara Llibres, Badalona, 2011.

—, *Cent valors per viure*, Pagès Editors, Lérida, 2001.

—, *L'entusiasme*, Pagès Editors, Lérida, 2010.

—, *La pau*, Pagès Editors, Lérida, 2012.

—, *L'alegria*, Pagès Editors, Lérida, 2008.

—, *La serenitat*, Pagès Editors, Lérida, 2008.